ケアの技術と倫理

小池清廉 (著)

晃洋書房

は じ め に

　しばしば報道されるように，障がい児者や高齢の病者に対する福祉現場の職員（支援職）による虐待事件は，けっして稀とはいえない．この現実を直視し，どこに問題があるのかを解明し，必要な手立てを講じなければならない．なにゆえにそのような事件が起こるのか．

　五十数年来，障がい児者入所型福祉施設と関係の深い医療の現場で仕事をしている私は，職員による不適切な処遇の原因は，主として職員の支援技術の未熟さにあると考えている．それゆえに，専門的な職員を一人でも多く養成，確保できる体制をつくること，現場職員の就労後の継続研修を義務付けること，これらが不可欠であると考える．

　過去においても，現在でも，障がい児者や高齢の病者のための福祉施設現場で働く職員の大多数は，利用者である障がい児者や高齢病者に対して，謙虚なこころで接し，ケアの仕事に熱心に従事している．そして，ケアする人たち（利用者）を信頼している．また，家庭において障がい児者や病者と接しているご両親，ご家族の心情にも，共感できる人たちであると私は思っている．

　悩みを持つ人に共感できること，人に対する謙虚さ，誠実さ，やさしさ，そして仕事への熱意は，今も変わらない支援職の原点である．

　本書の内容は，障がい児者の通所支援，入所支援，地域相談支援，地域生活支援，就労支援，発達障がい者支援，高齢者通所介護等，多種類の事業所を運営する社会福祉法人で，私が最近の20年間（平成11（1999）年以降），福祉の事業所の支援現場における事例会議等に参加し，職員（支援職）と話し合ってきたこと，そのなかで私が学んだこと，そして新人等職員研修の際に毎年話していることが中心である．

　また，昭和38（1963）年以来の，重度の障がい児者の福祉医療施設及び
精神科病院での診療やチーム活動，各地の障がい児者施設からの通院児者
の診療や施設職員の事例研究会への出席，そして昭和39（1964）年以来の，
障がい児親の会，精神障がい者家族会の方々との交流，平成11（1999）年
以降10年間の，地域の精神障がい者や高齢者を対象としたボランティア活
動に参加してきた経験などが，私の医療や福祉に関する考え方の土台を
作って来たのではないかと思っている．

　福祉現場の諸問題，障がい者，重病者，そして高齢者のケアについて語
ろうとすれば，ケアの倫理という課題を避けることはできない．この点に
ついても，私自身の経験から意見を述べる．

　福祉関係者や福祉問題に関心を持つ人びと，とりわけ福祉現場で支援を
担当する職員である支援職（本書では福祉における支援活動に関わる全ての職員
を指すものとする）のために，本書をまとめた．支援職も，医療関係の専門
職と同様に，目的意識を抱く福祉専門職として，しかも継続研修が必須か
つ保障される専門職として，支援活動に従事していただきたいと切に願っ
ているからである．

　　2019年9月

　　　　　　　　　　　　　　　　　　　　　小 池 清 廉

―――――――― 目　次 ――――――――

は じ め に

第Ⅰ部　ケアの現場，ケアと歩む一生
――だれもがケアされて生きてきた
そしてケアされて死を迎える――

第1章　重度障がい者ケアから学ぶ
　　　　――こころの交流―― ………………………………………… 3
　1 重度障がい者とは　　（3）
　2 重症児とこころを通わせる　　（5）
　3 障がい者とコミュニケーションをとるということ　　（7）
　コラム① 障害という表記　　（10）
　コラム② 福祉における創造的実践　　（12）

第2章　私のケアは誰にしてもらうのか ………………………… 14
　● みじめな状態で生きたくはない？　　（14）

第3章　障がいと共に生きる人生 ………………………………… 17
　● ケアを受けて人は育つ　　（17）

第4章　安楽死願望への疑問 ……………………………………… 19
　● 安楽死は権利か？　　（19）

第5章　リビング・ウィルのむずかしさ ………………………… 21

第6章　死は不意にやってくる ……………………………… 22

第7章　いのち終わるまで介護せよ …………………………… 24

第Ⅱ部　支援職に必要な技術力
──支援活動の実際──

第1章　支援職と利用者との関係，その接し方
　　　　………………………………………………………………… 29
　❶　支援職の社会的責任と義務　（29）
　❷　利用者との接し方　（32）
　❸　障がい者相談　（33）
　コラム③　共生を目指す福祉　（35）

第2章　支援職には技術力が必要 ……………………………… 38
　❶　福祉のプロとして接する　（38）
　❷　継続研修を受ける　（39）

第3章　重度障がい者への対応 ………………………………… 40
　❶　障がい，障がい者とは　（40）
　❷　障がい者と医療　（45）
　❸　精神および行動上の障がいへの対応
　　　──症状・障がいへの対応──　（46）
　❹　過剰診断問題　（48）

⑤ 家族を苦しめた自閉症心因説とその治療・訓練法　（49）

第4章　福祉と医療の連携 ………………………………… 52
① 医療との連携　（52）
② 障がい者の医療需要　（55）
③ 入所支援施設における医療，看護，支援の連携　（58）

第5章　チーム支援 …………………………………………… 61
● チームの一員として働く　（61）

第6章　事例検討 ……………………………………………… 63
① チームで行う事例検討　（63）
② 事例検討会議を定例化する　（63）
③ ほう・れん・そう（報告・連絡・相談）と会議　（64）

第7章　記録義務 ……………………………………………… 66

第8章　ケアする人の健康保持 …………………………… 67

第9章　保護者，住民等からの批判 ……………………… 70

第10章　地域相談支援 ……………………………………… 71

第11章　家族・利用者・職員が抱える問題 …………… 73
① 家族が体験している困った経験　（73）

❷ 利用者，家族，職員が抱える問題　　（73）

第12章　障がい者虐待について ……………………………………… 76
　● 障がい者虐待の調査から　　（76）

第13章　地域における親の会，家族会，ボランティア支援，
　　　　利用者の会の活動 ………………………………………… 79
　❶ 障がい児親の会　　（79）
　❷ ボランティア支援（青年学級日曜教室）　　（80）
　❸ 家族会　　（81）
　❹ 利用者の会　　（82）

第14章　地域連携 ……………………………………………………… 83
　● 地域多職種チーム連携　　（83）
　コラム④ 事業所間人事交流　　（85）

第15章　支援職研修の実際 ………………………………………… 86
　❶ 研修センター主催　　（86）
　❷ 事業所主催（職場内研修）　　（87）
　❸ 実践発表会　　（87）
　❹ 市民向け研修会　　（89）

おわりに

第1部

ケアの現場，ケアと歩む一生

──だれもがケアされて生きてきた　そしてケアされて死を迎える──

第 **1** 章

重度障がい者ケアから学ぶ
——こころの交流——

① 重度障がい者とは

　障害者基本法（平成23（2011）年改正）による障がい者とは，次のように定義された.

　　「身体障害，知的障害，精神障害（発達障害を含む），その他の心身の機
　　能の障害がある者であって，障害及び社会的障壁により継続的に日常
　　生活又は社会生活に相当な制限を受ける状態にあるものをいう.」

　これ以前の定義は，「身体障害，知的障害，又は精神障害があるため，継続的に日常生活又は社会生活に相当な制限を受ける者をいう」（障害者基本法，平成5（1993）年）であった. この平成5（1993）年改正の際，障がいの範囲に，以前には除外されていた精神障害と内部障害が含まれた. さらに，国連障害者権利条約の批准もあり，人的・環境的バリア（社会的障壁）との関連で，障がい者が定義された.

　障害（コラム2）の程度が重い障がい者は，重度の障がい者といわれている. 重度の障がい者のなかには，言葉が言えないか，話せてもほとんど意味が相手に通じないと思われている人たちがいる. このような人たちに，どのようなケア（care，世話，介護，支援）がされているのだろうか.

　人により障がいはさまざまであるが，身体障害（physical disability），知的障害（mental retardation, intellectual disability），精神障害（mental disorder, mental illness），発達障害（developmental disorder），内部障害などにより，日常生活上の諸活動（ADL, activities of daily living），すなわち日常の食事，着脱衣，排泄，入浴，移動，服薬，身辺整頓，金銭管理，さらには言語，人との付き合いなどに制約を受け，一般の職場で労働することに支障があり，何らかの配慮や他人の世話（ケア，介護）を必要とする障がいが重い人たちは，重度の障がい者といわれている．幼児期から障がいがある人，人生の途中で障がいが出る人，慢性化した精神疾患，進行する認知症（cognitive impairment, dementia）に罹患している人など障がいは，さまざまである．心身の障がいに全く無縁な人生は，考えられないのではなかろうか．

厚生労働省発表の障害者数は，**表1-1**のとおりである．

身体障害者手帳所持者は386万4000人で，その中で重い1級及び2級の手帳所持者は，約46％を占めていた（平成23年厚生労働省．生活のしづらさに関する調査）．身体に何らかの障害をもつ人は，上記の数値よりはるかに多いのである．

なお，65歳以上の身体障害者は74％，精神障害者は38％，知的障害者は16％であった．

知的障害者で療育手帳所持者は，74万700人，うち，在宅者が62万1700人，施設入所者は11万9000人であった（上記平成23年厚生労働省調査）．知的障害者で，重度の人は24万1800人（38.9％）と推定された．

精神障害者で，1級及び2級の精神保健福祉手帳所持者は，63万1703人（平成27年），また，精神科を受診した患者調査によれば，上記のように，

表1-1　障害者数（推計）

身体障害者	421.9万人
知的障害者	74.1万人
精神障害者	392.4万人（通院者361.1万人，入院者31.3万人）

出所）国民衛生の動向2019/2020，国民の福祉と介護の動向2019/2020，厚生労働統計協会，2019参照．

外来通院者は約361万人，入院者は約31万人であった（平成26年10月の1日当たり）．通院者の数値が算入されているのでかなり多い，ということを踏まえる必要がある．

❷　重症児とこころを通わせる

　50年以上前は，医療体制がなく介護職員も少ない当時の福祉施設では，以下の①②に該当する障がい児の処遇は困難であった．

> ① てんかん，精神症状（精神病的症状）ないし行動障害（behavior disorder）を伴う重度の知的障害児
> ② 重度の身体障害や身体虚弱と知的障害を重複して持つ障害児

　1960年代の初めになって，これら①②の障がい児を対象とする新たな施設，すなわち（医療法上の）病院機能を備えた福祉施設である重症心身障害児施設が発足した当初のことである．
　①のグループは，「動く重症児（重障児）」ともいわれ，滋賀県立近江学園（糸賀一雄園長，岡崎英彦園医）における，医療を要するグループの療育経験から提起された要望に基づく．このグループは，昭和42（1967）年，重症心身障害児施設が児童福祉法に位置付けられたとき，重症児施設の（制度上の）入所基準からはずされた．このグループに属する，現在のいわゆる強度行動障害を伴う知的障害児者は，以前は，明治以降のドイツの医学書の翻訳版ともいえる日本の精神科教科書では，興奮性精神薄弱，精神薄弱興奮型といわれていた．
　ある動きの激しい子どもは，窓に金網が張られた部屋に閉じ込められていた．家族が外で働いている間は，家の柱に繋がれていた子どももいた．庭や屋敷の広い家では，やむをえず柵を巡らし，運動できるようにしていた（筆者は1960年代前半，重症心身障害児施設入所希望者や児童相談所による重度障

害児判定のために，障害児の家庭訪問をした）．家庭ではケアが困難な一部の児童青年は，精神科病院の（制度上，看護者の数は一般病院より少ない．また，制度上の保証がないので保母（保育士），児童指導員は配置されていない）いわゆる児童病棟や閉鎖病棟に収容されていた．その処遇状況は，早急に抜本的改善を要するような実態であった．

②のグループは，日本赤十字社本部産院小児科（小林提樹部長）他から要望されていた．機器に頼らなければ生きられない虚弱児も多く，合併(重複)する障がいも重い傾向があった．

①のグループで問題提起して発足し，後に②のグループが加わった重症心身障害児びわこ学園（筆者は開設当初から勤務した）に，近江学園から入所（入院）してきた①のグループに続いて，見るからに虚弱な，四肢が麻痺して言葉を発しない，寝たきりの重症児（②のグループに属する）が新しい病棟に入院するようになった．発足したばかりの新施設であるから，ケアする職員は，看護職（看護婦，准看護婦，現在は婦は師に変更されている），保母（現在の保育士），児童指導員（教育学，心理学，社会学いずれかを履修した大卒者，教職員有資格者及びその他の大卒者や施設職員経験者が主体であった），そして，以上の資格はないが，この仕事につよい意欲のある高卒の職員である．これらの職員の多くは，虚弱な身体障がい児のケアの経験に乏しい人たちであり，食事の食べさせ方に苦慮していた．重症心身障がいの子たちとの意思疎通に困難を感じていたのである．

遠方からしばしば施設を訪れて，わが子に食事を食べさせている親御さんが何人もおられた．子はしきりに親とコミュニケーションをとっているらしいことに，職員は気づかされた．ある10歳くらいの寝たきりの子どもは，他人にはわかりづらい舌の出し入れによって，イエス・ノーを親に知らせていることを，母親から教えられた．このことを手掛かりに，この子と介護する職員とのあいだに，「言語のない会話」が徐々に進み，さらにはラジオの落語のオチがわかることにも気づかされた．初めて重症児たち

に接することになった職員にとって，これはおどろきであり，新しい発見であった．

　脳性麻痺を持つ児童や成人のなかには，言語の障害，とくに構音障害（発音に障害がある状態）などが相当に重くても，この人の言語を解する人が現れれば，通訳により，文章化することができる人たちは少なくない．筋萎縮性側索硬化症（ALS）のように，進行する神経疾患の場合，筋肉が衰え，文字盤などによる書字表現もできなくなったとき，現在では，IT機器の視力入力装置を活用して，文字による交流が可能となる人もいる．

　乳児や，脳に障害のある高齢者と接した経験を持つ人は，言葉がなくてもこころの交流ができることを知っているのではないかと思う．

❸　障がい者とコミュニケーションをとるということ

　ケアする職員は，障がいが相当に重くても，どの障がい児に対しても，顔の表情，目の動き，身体の動きなどから，本人の思いを知ろうと心掛け，つねにコミュニケーションを模索している．重い障がい児者本人も，その人なりの表現で，懸命に職員とコミュニケーションをとろうとしている．職員らは，日常の表情，笑顔，声掛け，食事介助，着脱衣，排泄，入浴などのケアのやりとりから，新たに気づかされるこの人たちの表情，身振り，動きに共感し合い，ケアを続けている．

　重度，重症の人は，言葉をほとんど話せないので，言語的コミュニケーションは成立しがたく，意識が朦朧としている時がある．しかし，ケアを続けるうちに，お互いの気持ちのやり取りに気づき，1人1人のこころの伝わり方のコツをつかんでいくものと思う．

　介護者や同僚利用者の動きに反応して（何に反応しているのかわからない場合もあるが），行動が変化することがある．また，体調がすぐれず，あるいは不安，疼痛，不快感，恐れ，怒りなどから，発声や行動が変わることが

ある．例えば，動かなくなったり，同じ動作を繰り返すようになったり，大声を出したり，物に当たったり，手を噛んだり，頭突きをするなど，行動の表現はさまざまである．言葉で表現することが難しいので，身体の動作や行動で表現していると考えられる．

　ケアする側は，相手の気持ちを察し，意味するもの，言おうとすること，求めていること，本人が置かれた状況などを理解しようとする根気と努力が必要となる．そのためには，相当の〈待つ時間〉を要するかもしれない．職員にはコミュニケーションのテンポが相当に異なる相手の時間の流れに，合わせる配慮がいるのである．このことに気づくには，相当長い時間を要するかもしれない．同時に，こちらからも様々な身振りや表情，目つき，そして声掛けを繰り返し，工夫してコミュニケーションを気長に試みるのである．また，障害の特性，例えば，てんかんにおける意識の障害や広汎性発達障害にみられる強いこだわりなどに，影響される行動があることも考慮したい．

　日常生活の介助をするとき，共に散歩するとき，同じテーブルで（日中活動といわれる）作業などをするとき，車椅子を押すとき，話しかけや感情表現のなかに，言葉の返答がなくても気持ちの交流があり，何らかのコミュニケーションが成り立っていることを，ケアを続けている親は言うまでもなく，ケアを始めた職員も理解するようになる．1人1人が自分らしい感情を表現しながら，テレビ，作業，遊戯，スポーツ，音楽，趣味的活動を楽しんでいる．ケアする人は，初めは判らないことが多いだろうが，病人や障がいのある人たちのその人なりの表現の仕方を，時間をかけて学んでいくものである．重い障がいを持つ人とケアする人たちとのあいだに，ケアを通して交流が生まれる．共感し合う心の動き，感情の交流，何らかの意志のやり取りができるようになることを，時と共に体験できるようになるだろう．

　ケアの実際を経験するにつれて，その人（利用者）の個性的な表現に気

づかされてゆく．その人なりに精いっぱい気持ちを表現する姿に，ケアする関係者（家族，介護者，看護者）は，こころを動かされる．

　以上は重度の障がい児者との交流について述べたが，このことは認知症など，脳に障がいを持つ人にも共通することがらといえよう．

　親やごく親しい人の死が近づいている臨死の場面ではどうだろう．意識が朦朧として，言語も障害され，応答がないか，それがきわめてわずかであっても，凝縮された交流体験を持つことができることを，実は私たちは，すでに経験しているのではないだろうか．

コラム①

障害という表記

●　●　●　●　●　●　●　●　●　●　●　●

　常用漢字を使用するため，それまで使用されていた障礙や障碍は，障害という文字に変更された．その後，害という字が使用されていることへの疑問や反論もあって，害の字を使用せず，障がいと記す傾向が生まれたが，以前からの碍の字を用いる人もいる．平成30 (2018) 年現在の行政用語（法律用語），医学用語等には，障害，障害者があること，本書は，主に福祉関係者のために述べていることもあり，専門用語や法律語として使用されている場合には，障害という語を使用する．

　従来，英語のdisorderを障害と訳しているが，適切とは言えない．2018年6月発表の日本精神神経学会によるICD-11新病名案では，disorderを症と訳している．医学分野では，disorderは，健全な心身の機能を乱す病態 (Oxford Dictionary of English) を指している．新病名案では，知的発達のdisorderは，知的発達症である．この方が，適切な訳語であろう．発達の障害に関係するICD-11新病名案によれば，自閉症スペクトラム症，発達性学習症，発達性協調運動症，一次性チックまたはチック症候群，注意欠如多動症，常同運動症など，障がいという言葉を使わない用語（訳語）となっている．

　障礙（しょうがい）の意味であるが，漢和辞書によれば，障は，へだてる，さまたげる，ふせぐ，さわり等の意味があるという．礙は，とどめる，へだてる，さまたげる等の意味があって，碍は俗字であるという（諸橋轍次・鎌田正・米山寅太郎著，広漢和辞典，大修館書店，1986）．

　また，仏教用語の障礙（しょうげ）とは，「すべてものごとが生じたり，持続したり

する上に妨げとなるのをいう.」(仏教学辞典, 法蔵館, 1995). 障礙は, 仏典の原語であるパーリ語, サンスクリット語の漢訳語で,「さわり, さまたげるもの, 邪魔するものの意で, 悟りを得るための仏道修行の障害となるものをいう. そのような障害の中で最も大きな, また根本的なものは〈煩悩〉である (以下略)」(中村元・福永光司・田村芳朗他編, 岩波仏教辞典, 第二版, 岩波書店, 2002).

コラム②　　　　福祉における創造的実践

　福祉における支援とは，人が人に関わる活動である．人はさまざまであり，時と場面は多様である．型通り，言われたまま，決められたままの仕事では，福祉の実践とは言えない．

　仕事には，工夫はつきものであるが，福祉の活動，とりわけ支援活動をする私たちには，刻々と変化する利用者の動き，求めに応じて，工夫し，必要な実践を積み重ねる責務があると言えよう．利用者が求めていることをすばやく感じ取り，支援活動を行うのである．

　言葉を使うコミュニケーションが困難な人も少なくない．そこでは，言葉以前の気持ちの通じ合い，微妙なこころの交流を心がけたい．支援者側に，常に相手の気持ちをわかろうとする心構えがあってはじめて，こころの交流は成り立つといえるだろう．

　福祉に関心を持つ人は，決して少数ではないと思われるが，福祉の仕事に就くことには，躊躇する傾向があるのではなかろうか．また，支援職の仕事は，誰にでもできる仕事ではないのか，という世論もあるのかもしれない．福祉士が国家資格化されても，待遇はあまり変わってはいない．

　看護師の場合であるが，仕事がきびしいので，3K（きつい，汚い，危険），4K（3Kに給与が低いを加えたもの）職場などと長い間言われてきた．しかしながら，必要不可欠な職種（医療の分野に欠かせない業務・名称独占の，よく訓練された技術職）であることが，広く理解されるようになり，また，看護師の団体等による長年の努力もあって，報酬・労働条件は改善されてきた．

「一隅を照らす，これすなわち国宝なり」

　これは，最澄（伝教大師，平安時代初期の僧）が遺したことばである．国宝とは，道心ある者，一隅を照らすは，千里を照らすことに通じるとも解されている．

　道心あるものを，現代における〈福祉をこころざす者〉にたとえてみたい．福祉の仕事は地味であるが，利用者が是非とも必要としている，かけがのない仕事であると思う．しかし，利用者個人対支援職個人の関係にとどまっているだけでは，福祉の支援は完結しない．支援のチームが，支援の具体的目標を明確にし，専門家や経験者を交えたチームで，どのような支援が適切なのかよく検討し，つねに支援内容を振り返り，評価して，支援を続けることが，利用者のための支援の質を高め，支援の透明性を保つことにつながるからである．

　このために，事例会議がある．会議を通じて，利用者が求めていることは何か，何が問題で，どのような支援をするか，自分たちの支援は適切であったのか，どのような支援の工夫をすべきか，これらの振り返り，評価の内容を支援チームが共有して，次の実践に移ることを，支援チームは繰り返しているのである．

第 2 章　　　　　　　　私のケアは誰にしてもらうのか

● みじめな状態で生きたくはない？

　自分自身が重い障がい者や予後不良の病気になったとき，あるいは高齢
になって介護を受けなければ生活できない心身の状態になったとき，どう
したらいいのだろうか．以前ならば，妻が障がいのある夫を，嫁がしゅう
と（舅，姑）を世話し，看取る(みと)るということが当たり前であった．そのよう
な姿を，私自身も子どものころから見慣れてきた．家族による看取りが，
長い間続いてきたのである．「私は親と主人を看取りました．」などと，人
生の大切な仕事を成し遂げたという思いをこめて発言されるご婦人の声を
聴く機会は，稀ではなかった．

　しかし，多数の女性が就労し，核家族や単身者が多くなった現在，「介
護離職」が必要となり，あるいは「老老介護」を続けなくてはならないこ
とから，様々な問題が生じている．たしかに近年では，訪問看護やヘルパー
による介護，デイサービス通所，ショートステイ，入所などの制度が利用
できるようにはなっている．しかし，地域差もあり，家族による介護は深
刻な社会問題になったといえる．介護者の高齢化，さらには「介護地獄」
といわれるような状況のなかで，不幸な事件も発生している（第12章　障害
者虐待について参照）．

　「みじめな状態で生きたくはない」「人（や家族）に迷惑をかけてまで，
長生きしようとは思わない」と言う人の声を聞かされたことがあった．寝

たきりの病人や重度の障がい者ではなく，元気で健康そうな中高年の人た
ちの発言である．そのような発言の裏には，その人なりの考えや事情（例
えば介護が大変であった，などという事情）があるのかもしれない．私自身は
このような発言に対して，複雑な思い，あるいは疑問をも抱く1人である．

　ごく一部の作家や評論家のなかには，高齢になってからではあるが，な
ぜか「安楽に死にたい」，「安楽死したい」，などと公言してはばからない
人がいた．出版社あるいは御本人のコマーシャルなのか，実は日頃よく生
きてきた人たちの，高齢者にありがちな，感情の変化に動かされた発言で
はないだろうか．題名だけを見て，早合点してはいけない．

　安楽死とは，「助かる見込みのない病人を，本人の希望に従って，苦痛
の少ない方法で人為的に死なせること」（新村出編, 広辞苑, 第六版, 岩波書店,
2008）である．つまり，殺人を人に依頼することであり，本人から見れば，
人の手を借りて自殺する（殺してもらう）ことになる．手を貸す人は殺人者
であり，当然ながら，殺人罪を犯すことになる．[1]

　1990年代に，マスメディアでしばしば問題とされたのは，呼吸器やチュー
ブにつながれ，意識もはっきりしない（と，はたから見て思える）状態で入
院している人たちの生き方（治療のあり方）についてであった．この類（たぐい）の印
象から，いわゆる延命医療に対する疑問が生じたのであろうか．

　単身世帯，高齢者世帯が多くなった現在では，いわゆる老老介護で苦労
している人が増え，また，まわりにはケアをしてくれそうな人がいないと
いう家庭や地域の事情もあるだろう．いつまでも自分が元気で，意識も明
瞭で，記憶力も思考力も衰えないと思うのはもちろん幻想に過ぎない．ほ
とんどの人は，生きている以上，いつか病気や事故に遭遇する可能性があ
る．病気がいったん回復しても，慢性病になり，後遺症による障がいを持っ
て生きる確率は，間違いなく年齢とともに大きくなる．

　お年寄りが耄碌（もうろく）しながら，若い人たちと共に，自然に，生きていた時代
は，遠い昔ではない．大家族の世帯では，今もそうである．そうして年少

の頃から，高齢者との付き合い方を学んできたのである．高齢になるまで生きれば，当然ながら心身ともに衰弱してくる．このことは，昔から人類が熟知している自然的変化であり，医学的に言えば生理的変化であって，病気（疾患）や障がいではなかった．

　幼児期から高齢の祖父母に育てられて，成長してきた体験を持つ人たちが多かった時代は，それほど遠くはない．そして今も，長老の知恵に改めて納得することも稀ではないだろう．私たちは，親，親族，師，師匠，先輩，上司，同僚，友人，後輩，とりわけ自分より年長の人たちから，学びながら生きてきたのではないだろうか．

　現在元気な人であっても，いつかはひとさま（人様，他人様）の世話になる（ケアを受ける）時が訪れる．これは，事実である．

注
1）刑法の自殺ほう助罪又は嘱託殺人罪，ただし，自殺既遂者（死者）は，法に問われない．

障がいと共に生きる人生

ケアを受けて人は育つ

　ほとんどの親は，乳幼児である自分の子を，熱心に世話（ケア）をし，育てている．乳幼児は，見方によれば，重い心身障がい児ともいえるから，乳幼児期の子育ては，重い障がい児を育てることと大きくは変わらないといえるかも知れない．

　他方，乳幼児期を過ぎても，食事，排泄など日常生活上の世話を受け続けなければ，生きてゆけない重度の障がい児がいる．生命維持装置をつけなければ，生きてゆけない重度の障がい児もいる．筋萎縮性側索硬化症（ALS）のように，中年以後に発症し，全身の筋肉萎縮が進行し，呼吸器等をつけなければ数年以内に死ぬといわれる難病がある．

　重症の心身障がい児や，人工呼吸器などによる延命医療を受けている意識障害のある重症者について，「このような人は，生きている価値があるのだろうか？」「延命装置をつけられているので，死のうと思っても死ねない．医療費の無駄遣いではないのか？」とつぶやいて，一部マスメディアに批判された複数の有力政治家がいた．しかし，世間のごく少数派だけが，このような意見を，本音として抱いているのであろうか？

　1990年代の終わりに，日本の重症心身障害者施設を見学して，これは（過剰な）延命的処遇ではないのか，このように重い障がい児者を見たことがない，という感想を，福祉国家と日本で言われている（実は日本のような手

厚い医療は普及していない）北欧の一福祉関係者から直接聞いて，強い違和感を覚えたことがあった．

　自分自身が脳神経系の重い障がいに罹患したとき，心身の機能が低下してゆく高齢者や重病人になったとき，生きる意味をどう考えるのか．「みじめな状態」とは，どういう状態を言うのだろうか．「人に迷惑をかけたくない」ということは，どういうことを意味するのだろうか．迷惑をかけたくないから，健康なうちにぽっくり急死したいと言う人がいるが，果たして本心はどうなのか．

　急死の場合を想像してほしい．急死すれば，病死や老衰死とは比較にならないほど，周囲を騒がせる（つまり迷惑をかける）ことになることが多いのではないだろうか．

第 4 章

安楽死願望への疑問

● 安楽死は権利か？

　みじめな状態で生きるのは嫌だから「安楽死」するといって，欧米人の
なかには，「死ぬ権利」を主張する人がいる．いうまでもなく，安楽死
（euthanasia）とは，安楽に死ぬことではなく，一服盛って貰って，あるい
は刃物などで一思いに殺してもらうことである．森鷗外の小説『高瀬舟』
にもあるように，殺した人（自殺を助けた人）は，殺人の罪で高瀬舟に乗せ
られ，島流し（流刑）にされるのである．

　外国のごく一部ではあるが，安楽死を条件付きで合法化した国や州もあ
る．日本でも安楽死を，運動として推進する識者を自任する人たちがいた．
障がい者権利運動が盛んになった時代に，安楽死という言葉を避けて，「尊
厳死」の推進派に転向したもようである．

　改めて問いたい．重病人や障害者の人生は，みじめなのか？　尊厳では
ないのか？

　欧米の人たちのなかには，以前から安楽死を推進する者もいたが，実は
安楽死に反対する人たちも多いのである．例えば，重症者の医療看護に携
わっている専門職，宗教関係者とくにヴァチカン（ローマ教皇庁）などは，
延命医療の中止や自殺・安楽死には反対である．

　歴史的に見れば，安楽死運動の一動機は，想像された臨死の苦痛であっ
た．それは，死の恐怖と重なる．終末期の苦痛は，現在では，緩和医療，

緩和ケアの進歩により，ほとんど解消されていると言えるだろう．

　日本に住む私たちは，人の世話を受けて乳幼児期を過ごし，病気になれば，治療と看護，さらにはリハビリテーション療法などを受ける．重病になれば，あるいは長生きすれば，障がいも出て，支援や介護が必要となる．これが人の一生である．古代のスフィンクスの謎かけの答えに他ならない．

　現在では，高齢者や重度障がい者に，大掛かりな延命装置を付けることは極めて稀である．以前，一部の病院では，（主にマスメディアによって）心配されたような，いわゆる過剰医療的な延命医療が行われ，これに疑問が出されたことがあった．この，いわゆる延命過剰医療問題は，「尊厳死」運動に利用されたようである．しかし以前も，大掛かりな人口呼吸器などを付けて延命医療を受けた病人は，瀕死の入院患者の中のごくごく少数に過ぎなかった．

　近年では，高齢者やがん末期の患者の多くは，大掛かりな延命装置はつけない緩和ケア病棟や，在宅緩和ケアを希望している．生を全うすることを願っているのであって，いわゆる「尊厳死」を望んでいるわけではない．

　生命維持の呼吸器（多くは家庭で使用できる適度の，大げさでないもの）や胃や腸に栄養補給をするチューブをつけなければ生きてゆけない重度の障がい児や，進行性の神経病を持つ障がい者，呼吸困難で瀕死の状態になり気管切開をして助かった人や，口から食べられなくなった人のなかには，このような，福祉施設や在宅でも使用できる器具が役立っている．そして「医療的ケア」などを受けながら，日々生きられることに喜びを表している．[1]

注
1）小池清廉；「死ぬ権利はない」重病人重度障碍者のケアを考える，知恩報徳，りゅうこくブックス　124，141-173，2011，龍谷大学宗教部．
　　小池清廉；死ぬ権利をめぐって——重度障碍者・重症病人のケアから学んだこと——，心茶　54，23-28，2014，心茶会．

リビング・ウィルのむずかしさ

　終末期の延命措置について，頭の冴えているうちに，あらかじめ自分の意思を表明しておくのがリビング・ウィル（living will）である．しかし，延命措置の方法もさまざまであり，医療のあり方も時代と共に変わるので，決めることは容易とはいえない．医療あるいは福祉などの関係者（複数）ともよく相談する必要がある．しかも，見聞きする情報，その地域の医療や看護の状況，かかりつけ医，本人と交流できる人，相談できる窓口などは，さまざまであり，しかも数が限られている．本人の医療や介護を担当する医療チームや介護チームと相談するとしても，決めるのは自分であり，迷うことが多いだろう．

　さらに，本人の年齢や健康状態や病状，とりわけ不治の病とされる「がん」や自身が抑うつ状態に陥っているような精神の状態に応じて，また時代の状況，とりわけマスメディアの取り上げ方なども影響して，人びとのものの考え方は，時とともに変わる傾向もあるだろう．

　個人の問題としても，年齢とともに，ものの見方や考え方が変わる方が，むしろ自然ではないだろうか．実際に病気になってみないと，また，年齢を重ねてみないと，わからないことの方が実は多いのである．

　しかし，何よりも重病に耐えて闘病している，生きようとしている多数の人たちがいることを，私たちはよく知っている．この人たち，つまり将来の私たちは，ケアを求めているのである．それゆえに，ケアする人が必要であり，重病人や重度障がい者をケアすることは，意義のある行為であるということができる．

第6章　死は不意にやってくる

　急病になったとき，事故にあったとき，救急車を呼べば助かるだろうか．救急車で命が助かるとは限らないのである．都会や田舎に住む大多数の独居者，1人で農山村や漁村で働く人，都会でも，近くに人のいない職場で1人で働いている人，山登りや釣りをする人が倒れても，救急車を呼ぶこと自体が不可能に近い．

　誰もが，いつでもどこでも，死を招くような災難に遭遇する可能性を持っているのである．災害などで瀕死の重傷を負うとき，予後不良の助からない病気とわかったとき，病状が急変して，重態に陥ったとき，病人や高齢者で急に衰弱が進んだときなど，死を受け入れなければならない状況は，誰にでもある．

　　死期は序を待たず．死は前よりしも来らず，かねて後に迫れり．人
　　皆死ある事を知りて，待つことしかも急ならざるに，覚えずして来る．
　　沖の干潟の遥かなれども，磯より潮の満つるが如し（徒然草，第
　　百五十五段）．

　　人間の死ぬ時というのは順序というものがない．死は前から来るも
　　のとは限らず，前もって後ろに迫っているのだ．人はみな死ぬことを
　　知っていながら，死を予期する気持ちが切迫していないうちに，死は
　　思いがけずやって来るのだ．それは，沖の干潟ははるか遠くに見える
　　けれども，足元の磯から潮が満ちてくるようなものだ（吉田兼好，上妻
　　純一郎現代語訳，徒然草，古典教養文庫，講談社，2015）．

　日本の歴史文化に生きる私たちの，死に対する構えはどうであろうか．非業の死や早死の場合は必ずしもそうとはいえないが，多くの人は，できれば天寿を全うしたいと思っているのではなかろうか．そして，その時が来れば，死を受容するのではないだろうか．しかし死を受け入れるということは，欧米人（の一部）がいうように，おのれの意思によって，自律（自己決定）の権利を行使し，生を意図的に終わらせることではない，と筆者は考える．

第7章

いのち終わるまで介護せよ

　本章で述べることは，1990年代，一部の病院で行われたと報道されたような，いわゆる「過剰」延命医療の話ではない．私の知る限りでは，在宅であれ，福祉施設であれ，病院であれ，死の近づいた重病人や全身衰弱の高齢者には，最後まで丁重に介護，看護がなされている．現在の多くの重病者や高齢者は，かつてマスメディアが報じたような，大がかりな機器には，つながれていない．

　重症であっても，衰弱が激しくても，本人は生きようとしている．介護する人は懸命に介護しているのであり，親族，友人，知人は，生きることを願っているのである．痛みに耐えられないので早く死にたいという状態は，過去のものとなった．現在では，痛みのためにパニック状態にならないような医療や緩和ケアが普及しているからである．

　瀕死の重病人を，親族，友人，知人は見舞いに訪れ，生きることをそれとなく励ましている．見舞う人も見舞われる人も，お別れの準備をしているということもできよう．瀕死の親族や親しい友人，知人に会うとき，それはその人の人生が，その人のいのちが凝縮された，まさに「一期一会の出合」であると思う．悲しみの中にも穏やかな諦念，あるいは人の生死の本質に触れるような心情を抱かされる瞬間である，と体験上私は思っている．このように，重病人見舞いの意義は大きいといえる．

　いのち終わるまで（いのち尽きるまで）介護することは，当然のことと，私たちは思っている．そして，そのようにしている．この言葉は，紀元前のブッダ（Buddha, 仏陀，釈迦）の言葉として，仏典に伝えられている．人

間のなすべき基本的な営みの一つであるからであろう.

　仏典である三蔵（経，律，論）の一つ，律蔵に[1]，次のような事例が記載されている.

　出家修行者（比丘，ビク）たちは，僧伽（パーリ語サンスクリット語の漢訳）という修行者の共同体で生活している. 比丘の1人が重病になったが，介護を受けることもなく，大小便の中に臥したままに放置されていた. この病気の比丘は，日頃，互いに助け合う行い（サンガのつとめ）をしなかったので，病気になっても無視され，介護されていなかったらしい. 出家者は，文字通り家（世間）を出た（捨てた）人である. 病気になれば，サンガで療養するのである.

　たまたまブッダが，弟子のアーナンダ（阿難）と通りかかり，このありさまを見た2人は，この病人を助けおこし，身体を洗い，介護して，ベッドに寝かせた. それからブッダは，サンガの比丘たちを集めて告げた.「病人を看護しなさい. 私（ブッダ）に奉仕しようとする比丘であれば，重病人にこそ奉仕すべきである. 比丘が病気になれば，その人のいのちが終わるまで看護し，癒えるのを待つべきである.」と（章末注）.

　これらの仏典の記述は，古代（紀元前インドの）仏教教団における病者観，看護（介護）観を表しているが，現代に通用するケアの倫理であり，ケアの実践指針でもあると言うことができよう[2].

注
1) 仏教の出家修行者のための法律や生活上の規則を集成したもので，罰則を伴う.
2) 終るまで看護し癒ゆるを待つべし. 南傳大藏經第三巻律藏三，526，大正新脩大藏經刊行會，1938，再版 1970, 1995, なお，律蔵パーリ語文の和訳は，『南傳大藏經』で，インド各部派の伝えた律蔵の漢訳は，漢訳大蔵経の律部で読むことができる. 看護は，古代から漢語文献にある言葉である. 本節の題名は，わかりやすさを考え，最近の言葉である介護にした. 原文パーリ語の意味は，attendance, service. パーリ語辞典（水野弘元編及び雲井昭善編の2種類の辞典）の和訳は，奉仕，随侍，看病，給仕などとある.

これは，修行者集団であるサンガの成員（修行者である比丘）を規制する罰則を伴う規則すなわち律の一項目であり，サンガの成員は，サンガの重病人を最後まで看護せよという意味である．比丘は（家・世俗を捨てた）出家者であるから，看護を家族などに頼むことはできないので，比丘がお互いに看護しなければならない（もちろん，現代のように，もっぱら介護や看護を専門的に担当する人はいない）．

ブッダやアーナンダ（阿難）が出てくるのは，律の罰則を制定するための因縁譚（ここでは，判例的な説明文）であって，歴史的記載ではない．律の規則の制定（制戒といわれる）は，ブッダが行うというルールがあるので，上記のような事例が記述されているのである（小池清廉；臨死問答と重病人看護――阿含・律及び律より――，佛教学研究　62・63合併号，101-115，2007，Koike, K；The Guiding Principles for Case of Terminally Ill Patients within the Early Buddhist Texts. J. Indian and Buddhist Studies, Vol. 60, No. 3, 1184-1188, 2012）．

第Ⅱ部

支援職に必要な技術力

—— 支援活動の実際 ——

第1章 支援職と利用者との関係，その接し方

1 支援職の社会的責任と義務

　支援職として，ひとさま（人様，他人様）の相談に応じる，世話をする，ということは，自分の子どもを育てる，病気や障害のある自分の家族の世話をする，年老いた親の介護をすることと，まったく同じとはいえない．支援職としてひとさまのケア（支援，介護）をすることは，社会から委託された仕事（職務）である．この仕事の原資は，言うまでもなく，税金・保険，そして利用者の負担に基づく．社会が，そして利用者が，その支援の仕事に意義を認め，期待をしているからである．

　相談に訪れる利用者は，自分自身のプライバシーを打ち明けて相談する，あるいは裸になって介護を受ける．言葉を思うように話せる人，相手の言葉をよく理解できる人は，必ずしも多くはないだろう．支援職の仕事と利用者のあいだは，緊張感のある，人の尊厳にかかわる微妙な関係にある，ということができる．

　支援職の義務とは，誠実義務，信用失墜行為の禁止，秘密保持義務，連携，資質向上責務である．

　福祉の仕事は，社会的責任を伴う人道的公益的な仕事であるから，福祉職には一定のケアの技術と人間性が要求される．とりわけ利用者の個人的秘密（プライバシー）を守ることや，虐待の禁止は当然であるから，法律や（職場の）就業規則等に規定されているとおりである．それゆえ，人権上の

問題事案があれば，処罰がなされ，マスメディアはこれを大きく報道することがある．

　支援職のための法律（社会福祉士及び介護福祉士法，昭和62（1987）年，法律第30号）は，以下の規定を設けている．

① 誠実義務
　「社会福祉士又は介護福祉士は，その担当する者が個人の尊厳を保持し，自立した日常生活を営むことができるように，常にその者の立場に立って，誠実にその業務を行わなければならない．（同44条の2）」

② 信用失墜行為の禁止
　「社会福祉士又は介護福祉士は，社会福祉士又は介護福祉士の信用を傷つけるような行為をしてはならない．（同45条）」

③ 秘密保持義務
　「社会福祉士又は介護福祉士は，正当な理由がなく，その業務に関して知り得た人の秘密を漏らしてはならない．社会福祉士又は介護福祉士でなくなった後においても，同様とする．（46条）」

④ 連携の義務
　「社会福祉士は，その業務を行うに当たっては，その担当する者に，福祉サービス及びこれに関連する保健医療サービスその他のサービスが総合的かつ適切に提供されるよう，地域に即した創意と工夫を行いつつ，福祉サービス関係者等との連携を保たなければならない．介護福祉士は，その業務を行うに当たっては，その担当する者に，認知症であること等の心身の状況その他の状況に応じて，福祉サービス等が総合的かつ適切に提供されるよう，福祉サービス関係者等との連携を保たなければならない．（同47条）」

⑤ 資質向上の責務

　「社会福祉士又は介護福祉士は，社会福祉及び介護を取り巻く環境
　の変化による業務の内容の変化に適応するため，相談援助又は介
　護等に関する知識及び技術の向上に努めなければならない．（同47
　条の2）」

　以上の義務，責務は，対人関係に関わる専門職としては当然のことであ
るから，専門職が属する団体等の倫理規範には書かれているが，わざわざ
法律で規定している意味を考えるべきであろう．人の尊厳にかかわる仕事
であって，社会的責任が重い職種である支援職であるから，当然ながら，
一定の技術，これらを保証する資格，法的義務，そして倫理性，人間性が
求められている．人手不足だから誰でもよい，というわけにはいかないの
である[1]．

　現状では，相談支援を行う地域福祉の事業所には，有資格者（社会福祉士，
精神保健福祉士等国家資格者）が配置されているが，障害者支援（入所，通所）
施設への有資格者の配置は，相当に不十分である．人手不足の職場である
ため，支援職としての適性を欠くと思われる者が採用され，虐待等の事件
を引き起こすことは，マスメディアで再々報道されているとおりである．
これには事件当事者だけでなく，採用と指導の任に当たる社会福祉法人等
経営者や事業所管理者の責任もまた問われるべきである．

　上記法律の義務規定，すなわち誠実義務，信用失墜行為の禁止，秘密保
持，連携，資質向上責務は，利用者の立場からいえば，また，わが子や父
母を福祉施設に預けている保護者の立場からは，資格の有無の別なく，す
べての支援職に適用されるべき要件にほかならない．支援職員であれば全
員が守るべき要件である．

　この他にも多くの法律が，障害者差別の解消，高齢者・児童・障害者虐
待の防止，虐待事案の通告義務等について規定している（児童福祉法，児童

虐待の防止等に関する法律，障害を理由とする差別の解消に関する法律，障害者虐待の防止及び障害者の養護者に対する支援等に関する法律，高齢者の虐待の防止・高齢者の養護者に対する支援等に関する法律．窓口は，市町村，都道府県等）．

　他の業界でもそうであろうが，とりわけ支援のあり方が利用者やその関係者から期待され，日常的に利用者支援者関係が続く福祉界では，支援職は他の関連職種と共に日々成長するため，自身の努力と職場の条件づくりをすることに努めたい．毎日の報告・連絡・相談（ほう・れん・そう）の実行，実施した相談や介護内容の記録，守秘義務を課せられた職員による定期的事例会議（ケース・スタディ）への参加と報告と発言，それに基づいて，チームで共有する計画・実施・評価・実践（plan, do, check, actのPDCA）を繰り返し，スーパービジョンやコンサルテーションを受けられる機会を確保し，つねに支援の質を高めることが，職務（仕事）として要請されているのである．そして，医療との連携は言うまでもなく，家族，職場のキーパーソン，他機関との連携，必要に応じて地域のキーパーソンとの連携も行うことがある．

　以上述べたように，支援職にとって研修は義務であり，研修は仕事の一環である，といわなければならない（小池清廉：実践報告集No.2，京都総合福祉協会，2016，一部加筆）．

❷　利用者との接し方

　福祉や医療の利用者（user ユーザー）は，相談や支援を求めて，専門職等が配置されている福祉の事業所や医療機関を訪れる．利用者は何らかの助言や答えを求めて訪れているのであるから，プライバシーをさらけ出して，解決策を求めようとする．このような利用者と，相談を受ける側の職員とは，対等の関係にあるとはいえない．両者の関係性が非対称であることを，つねに念頭に置く必要がある．

（1）障がい児

　直接的ケアを受ける通所や入所の事業所（施設）では，自力で日常生活やリハビリテーション活動ができない利用者が多い．また，もっぱら児童や知的障がい児者のケアを担当してきた支援職や教育職，あるいは認知症や重病高齢者のケアに携わってきた介護職，看護職は，（たとえば，子ども扱いの呼びかけをするなど）好ましいとはいえない態度や言動が出ないように，この非対称の関係性をとくにわきまえて，利用者の人間性に敬意を持ちつづけてほしい．恩着せがましい対応や子ども扱いするような言動には，利用者はいうまでもなく，家族，保護者も敏感である．また，職員（男性職員に多い）に時に見られる威圧的言動がよくないことは，いうまでもない．

（2）高齢者，重度障がい者

　高齢者は，自分の祖父母あるいは父母とほぼ同等の年齢の人であり，社会に貢献をしてきた人であり，あるいは困難や苦悩を体験してきた人でもあるから，社会経験の大先輩に他ならない．また，高齢者は，自分自身の未来の姿でもある．このことを念頭に置きながら，自らが〈敬老のこころ〉を抱いて高齢者に接することが大切である．

　重度といわれる障がい児者や，重い脳障害に罹患している人も，相談やケアの担当者の態度，表情，感情の動き，言葉のニュアンスなどを，敏感に感じ取っていることが少なくない．乳幼児を育てた人や，高齢者や障がい児者と長年接している人なら，このようなコミュニケーションのあり方を実感できるだろう．

❸　障がい者相談

　相談部門の場合であるが，現実には，制度や施設や職員体制には制約があるから，利用者の要望を十分に満たすことは困難な場合がある．そこで，

利用者・保護者と支援者が共に考えながら，現実的な打開策を模索する努力を続けることになる．過度の期待を抱きがちな人に安請け合いをするなど，その場限りの曖昧な言い回しは，いずれ破たんし，利用者の失望を買うことになるだろう．

　相談担当の支援職であるケースワーカーは，あくまで現実に根差した，すなわち現実検討を踏まえた目前の実際的な問題の解決策を，利用者とともに模索することになる．治療的かかわりが必要と思われる人には，適切な情報を得たうえで，専門的機関（医療機関等）を紹介すべきである．

　大抵の人は一生のうちに，何らかの精神疾患に罹患する時期があるといわれている．人には個性があり，たとえば，社交性，状況適応性，感受性，表現力，言語・会話力，集中力，記憶力，計算力，身体能力，音感など，どれを取ってみても人はさまざまであることは，容易に理解される．精神疾患，人格障害，発達障害などであると専門職にいわれた人たちが，必ずしもいわゆる健常者と異質な人間性を持っているわけではない．相当に重い障害や疾患を持つ人でない限り，人格のすべてがつねに病状や障害の影響を受けているとはいえないからである．

　人はそれぞれに，年齢に応じた経験を積んでおり，また，社会経済的環境，生活歴，学歴，職業歴，病歴，人生観，宗教，主義主張，趣味などはさまざまである．利用者の多様な過去の社会経験や人生体験に配慮し，それらの価値評価を独断的にすることは避けなければならない．つねに人間として敬意を払いながら，応対するのである．とりわけ年長者，高齢者には，このことが大切である．相手の気持ちの動きに配慮を欠いたマニュアル的な接遇態度は，遠からず見破られるにちがいない．

　注
　1）昭和21（1946）年制定の児童福祉法，昭和35（1960）年の精神薄弱者福祉法は，
　　　支援に当たる職員の資格（児童指導員，保母）を定めている．

コラム③

共生を目指す福祉

● ● ● ● ● ● ● ● ● ● ● ● ● ●

　福祉の活動をするということは，どういうことか？

　1950年代の終わりから1960年代にかけて，医療，教育，福祉の分野で，リハビリテーション（rehabilitation），ノーマライゼイション（normalization）という欧米由来の言葉（概念）が広がり始めた．また，デ・インスティテューショナライゼイション（de-institutionalization脱施設化），インテグレイション（integration統合），そして近年は，インクルーシブ（inclusive）教育が叫ばれている．

　障がい児者が，社会から隔絶されることなく，地域社会で人並みの生活や付き合いができるように努める．失われた権利を回復し，必要な教育や治療，訓練を受けられるようにする．これらの発言や要求運動は，障害者団体，障害児者の親や家族の会，医療・教育・福祉の従事者によって起こされたのである．以上の運動は，外国語が示すように，欧米で先行していた．わが国の身障者については，傷痍軍人（戦傷病者）の団体が，運動の先鞭をつけていた．

　1950年代に，障害児の親の有志が声を上げ始めた．障がい児の存在は，世に憚われ（はばか）（兄弟姉妹の縁談がまとまらないなど，世間に隠さざるを得ない事情があったので），家庭内に隠されていた時代が長い．1960年代に入ると，障害児の親の会が結成され始めたが，加入者は少なかった．

　その後，親の会活動は徐々に活発となり，制度上就学できなかった障がい児，地域で療育（医療，リハビリテーション，教育）を受けられない児童青年のために，教育や療育を要求する運動を展開し始めた．行政も，これに

徐々に応えて来た．これらの動きは，共生を目指す福祉運動ということもできよう．

　昭和56（1981）年は，国際障害者年とされた．昭和58（1983）年から，「国連障害者の10年」が提起された．この10年を経た平成5（1993）年，「アジア太平洋障害者の10年」が叫ばれた．掛け声は大きいが，なかなか中身が付いていかないという状況が続いていたが，この年，障害者基本法が制定された（平成5（1993）年）．

　この法律の目的（第一条）には，次の文がある．

　「すべての国民が，障害の有無にかかわらず，等しく基本的人権を享有するかけがえのない個人として尊重されるものであるとの理念にのっとり，全ての国民が，障害の有無によって分け隔てられることなく，相互に人格と個性を尊重し合いながら共生する社会を実現するため（中略）の施策を総合的かつ計画的に推進することを目的とする．」

　平成7（1995）年には，障害者プラン　——ノーマライゼイション7か年戦略——　が発表され，平成15（2003）年には，恩恵的な措置費制度から，利用者と事業者が契約する支援費制度へと移行し，福祉における新たな時代が到来した．

　障害者基本計画は，平成15（2003）年からの10か年計画であるが，そこには以下のような目標が掲げられていた．

　　　「リハビリテーションとノーマライゼイションの理念を継承するとともに，障害の有無にかかわらず，国民誰もが相互に人格と個性を尊重し支え合う共生社会の実現を目指し，社会のバリアフリー化の推進，利用者本位の支援，障害の特性を踏まえた施策の展開，総合的かつ効果的な施策の推進」

　平成17（2005）年には，障害者自立支援法，平成25（2013）年には，障害者総合支援法が施行された．平成29（2017）年，社会福祉法が改正され，「地

域共生社会の実現に向けた地域福祉の推進について」という通知も出された（市町村における包括的支援体制整備の検討，地域共生社会の実現に向けた地域福祉の推進について，平成29年12月，厚生労働省局長通知）．

　高齢化や人口減少傾向の地域における福祉を進めるという趣旨があったと思われる．共生という概念は，もっと広く，自然との共生という言葉もあるが，人間で言えば，人と人，障害や病気のある人，高齢者や子どもが，お互いを尊重し合い，共に生きることを指していることは，すでに平成5年の障害者基本法，平成15年の障害者基本計画にもあるとおりである．[1][2]

注
1 ）実態調査，先進国の事情調査，福祉業界・関連学会・親の会等の要望，厚生科学研究班等の研究成果，審議会意見等が，法改正や，新法の成立には反映している．
2 ）本書では，福祉分野における相談支援，介護等を行う職種，すなわち社会福祉士，精神保健福祉士，介護福祉士，保育士，その他の資格職，資格職ではないが支援に関わる職員，これらの人たちをひっくるめて，支援職と呼ぶこととしている．

第2章　支援職には技術力が必要

① 福祉のプロとして接する

　職務としての支援職は，支援を求める利用者に対して，一個人（私人）として，あるいは一ボランティアとして利用者に接しているのではない．プロフェッショナル（福祉専門職,福祉の仕事人）として接しているのである．

　相談やケアを職務（仕事）とすることは，利用者との契約による．支援は一定のルールに沿って開始される．場所，時間，法律，条令，職場の規則を守る必要がある．最終的な自己決定権は，利用者にあるが，支援担当者は利用者が不利にならないように，適切な助言やケアを続ける．利用者の個人的秘密を守り，できることと現実的な制約があることとを，相談のなかで徐々に明確にしていきながら，自身の仕事の限界をわきまえて，公平で誠実な態度を貫くことによって，利用者との信頼関係は，時間とともに築かれていくだろう．

　また，利用者には，できることとできないことを，相談の過程のなかでよく説明する必要がある．相手への敬意を欠いた事務的機械的な対応では，信頼は得られないだろう．

　支援活動をするとき，支援職としてすべき義務がある．当たり前であるにもかかわらず，わざわざ法律で規定しているのは，なかには，倫理規範に問題のある人がおり，時には採用されるからであろうか．その義務とはすでに述べたように，利用者に関わる態度の誠実義務，支援関連個人情報

の守秘義務，関係者との連携義務，研修責務等（以上，社会福祉士介護福祉士法第44条-47条）である．

　業務を実際に行うためには，① 支援チームの一員となること ② 毎日の支援記録を作成する義務 ③ 事例検討会に参加することが職務であり，義務である．以上がなければ，支援業務は完結しない．これらの記録は，本来は利用者のために記録しているのであり，利用者，保護者，利用者側の弁護士による開示請求があれば，利用者，保護者，利用者側の弁護士に開示しなければならない．

　なお，公務員では当然とされているが，公務員でなくても，利用者と支援者の関係は，職務上の関係であり，前述のように非対称な関係である．言うまでもないことであるが，政党活動，宗教，物品売買等の勧誘は，職業倫理上許されないことである．

❷　継続研修を受ける

　支援職は，医療職・看護職と比べれば，専門的教育，実習訓練の機会がかなり少ない．だからこそ就労後の継続研修が必要である．継続研修義務を怠る実の伴わない名ばかりの資格であるならば，社会からの信用は得られなくなるであろう．

　プロのスポーツ選手を見てもわかるように，プロは，受け身的に働かされているのではない．自らの意志で仕事として働くから，日ごろ自発的に技術を磨き，研修を受け，新しい事態に工夫を凝らして取り組んでいこうと努めている．専門職，資格職は，法律はいうまでもなく，職場の規則や所属団体の倫理規範にのっとって仕事をするのであるから，法規や規範から逸脱すれば，処分，解雇，除名もあり得る．資格のない支援職員も，法律や職場の就業規則や職員としての倫理規範に反すれば，処分，解雇等がある．

第3章 章

重度障がい者への対応

① 障がい，障がい者とは

　重度障がいの主な原因は，脳や身体諸器官の病変・機能不全であり，障害（disability）とは，疾患等が治らなくなって固定化し，本来の機能が使えない状態を指す用語とされて来た．そして，社会の側のバリア（barrier 障壁）もあって，障がい者の社会参加が妨げられている状況が長年続いていた．障がい者の権利宣言（国連；1975年）や障がい者の権利に関する条約（国連；2006年）が採択されるという趨勢のなかで，障害者基本法（平成23（2011）年改正）は，次のように障がい者を定義した（再掲）．

　　障害者は，身体障害，知的障害，精神障害（発達障害を含む），その他の心身の機能の障害がある者であって，障害及び社会的障壁により継続的に日常生活又は社会生活に相当な制限を受ける状態にあるものいう．社会的障壁　障害のある者にとって日常生活又は社会生活を営む上で障壁となるような社会における事物，制度，慣行，観念その他一切のものをいう（障害者基本法）．

　身体障害は，

　　・視覚障害
　　・聴覚・平衡機能・音声機能・言語機能障害

・肢体不自由

・心臓・腎臓・呼吸器等のいわゆる内部障害

に大別されている.

　身体障害者とは，18歳以上の者で，都道府県知事から身体障害者手帳を受けた者とされている（身体障害者福祉法）.

　精神障害は，精神保健及び精神障害者福祉に関する法律では，次のように定義されている.

・統合失調症

・精神作用物質による急性中毒又はその依存症

・知的障害

・精神病質

・その他の精神疾患を有する者

　知的障害（intellectual disability）は，以前は精神遅滞と呼ばれていた. 欧米諸国の法律と同様に，従来からこの法律の精神障害の定義に含まれている. 病態の解明，症状の緩和，予防など，医学が取り組むべき重要課題の１つである.

　知的障害という用語は，21世紀になってとくに使用されるようになった. それ以前は，精神遅滞（mental retardation）が使用されていたが，さらに前は，精神薄弱（Schwachsinn, mental deficiency）と呼んでいた. 適切でないということから，時代と共に呼称が変化してきたのである.

　米国知的・発達障害協会（AAIDD）の定義（2012年）によれば，

　　知的障害は，知的機能と適応行動の双方の明らかな制約によって特徴

　　づけられる能力障害である. この能力障害は，18歳までに生じる.

　　（AAIDD；Intellectual Disability 11th Edition, 米国知的・発達障害協会「知的

　　障害　定義・分類および支援体系」第11版, 日本発達障害福祉連盟, 2012）

　知的障害の程度は，以前より軽度，中等度（中度），重度，最重度に判別されている．さらに前は，魯鈍（軽愚）(moron)，痴愚 (imbecile)，白痴 (idiot) と呼ばれていた．

　発達障害（developmental disorders）について，法律（発達障害者支援法，平成16（2004）年）は次のように規定している．

- ・自閉症
- ・アスペルガー症候群
- ・その他の広汎性発達障害
- ・学習障害
- ・注意欠陥多動性障害
- ・その他これに類する脳機能の障害であってその症状が通常低学年おいて発現するもの

として政令で定めるものをいう

　この分類は，WHOのICD-10に準じているが，心理的発達の障害のなかに，

- ・会話及び言語の特異的発達障害
- ・学習能力の特異的発達障害
- ・運動機能の特異的発達障害
- ・広汎性発達障害

などと分類されている．

　広汎性発達障害のなかに，

- ・自閉症
- ・非定型自閉症
- ・精神遅滞及び常同運動に関連した過動性障害

　　・アスペルガー症候群

等が位置付けられている．

　DSM-5 では，小児期または青年期に最初に診断される疾患として，

　　・注意欠如多動症（注意欠陥多動性障害ADHD, attention deficit hyperactive
　　　disorder）
　　・自閉スペクトラム症（自閉症スペクトラム障害ASD, autism spectrum
　　　disorder）
　　・素行症（行為障害conduct disorder）
　　・知的能力障害（知的障害）
　　・学習障害
　　　その他

　2019年改正発表のICD-11では，和訳の案は以下のとおりである．障が
いと訳されていたdisorderは，症に変更されている．

　神経発達症群（Neurodevelopmental disorders）のなかに，

　　1　知的発達症（Disorders of intellectual development）
　　　　知的発達症，軽度
　　　　知的発達症，中等度
　　　　知的発達症，重度
　　　　知的発達症，最重度
　　2　発達性発語または言語症群
　　3　自閉スペクトラム症（Autism spectrum disorder）
　　　　自閉スペクトラム症，知的発達症を伴わない，かつ機能的言語の
　　　　不全がない，または軽度の不全を伴う
　　　　自閉スペクトラム症，知的発達症を伴う，かつ機能的言語の不全
　　　　がない，または軽度の不全を伴う

自閉スペクトラム症，知的発達症を伴わない，かつ機能的言語の
不全を伴う

（以下略）

4　発達性学習症（Developmental learning disorder）

5　発達性協調運動症（Developmental learning disorder）

6　一次性チックまたはチック症群（Primary tic or tic disorders）

7　注意欠如多動症（Attention deficit hyperactivity disorder）

8　常同運動症（Stereotyped movement disorder）

常同運動症，自傷を伴わない

常同運動症，自傷を伴う

常同運動症，特定不能

などである．

神経発達症群という大項目のなかに，従来の知的障害，発達障害・自閉
症，学習障害が位置付けられており，用語の名称も変わっている．発達的
観点が基本にあり，自閉スペクトラム症が主要な分類となった．

医療や福祉の現場では，主要な（社会的な）障がいの一つを，処遇のた
めの分類の基本としている．障がいが重複または合併している場合も多い
からである．障がい名は，通常，福祉制度や教育制度上の必要から使用さ
れているが，医学的診断名よりは広義の場合がある．原因や疾患の本態と
関係のある医学的診断名が先にあって，後の社会政策上の必要性から，法
律制度ができ，そのための用語が法律で示されるようになったのである．

精神病質（psychopath, psychopathic personality）とは,現在,パーソナリティ
障害（人格障害，personality disorder）ともいわれているが，この概念及び用
語も以前から存在する．すなわち，「人格の異常性のために自らが悩むか,
またはその異常性のために社会が悩むような異常人格者」をいう（Schneider,
K.による定義）.

　それらは，抑うつ性，自信欠如性，無力性，発揚性（感情高揚性），そして，熱狂性（ファナティック），自己顕示性（虚栄性），気分異変（気分変動）性，爆発性，情性欠如性，意志欠如性と分類された（クルト・シュナイダー：臨床精神病理学序説（新装版），1934，西丸四方訳，みすず書房，2014.）．

　現在では，司法鑑定の場合や，相談・治療の過程で問題が生じるような場合，たとえば，相談・治療担当者や相談・治療機関利用の他の利用者等が（心理的に）巻き込まれるなどして，相談治療や他の利用者の医療，福祉への参加が妨げられるような場合に，人格障害の診断名，たとえば境界例（borderline case, 境界性パーソナリティ障害）等が現れることがあるかも知れない．相談や治療など対応の仕方に，治療上，処遇上の配慮が要るからである．

　しかし，人の性格はさまざまであるから，パーソナリティ障害の範囲を広くすることは，適切でない．人の性格や行動特徴は，その人の年齢やおかれた状況などによって変わる部分もある．専門家，とりわけ臨床医療を専門としている精神科医は，精神病質という診断名を用いることには，かなり慎重である．[1]

② 障がい者と医療

　障がい者は，障がいがないとされているいわゆる健常者と同様に，年齢が進めば進むほど，様々な合併症（感染症，嚥下障害，消化器疾患，高血圧，心臓病，糖尿病，けいれん発作，尿路感染症，皮膚病，がん，外傷，歯科疾患など）に罹りやすい．それゆえ，多くの人が日常的に医療を利用し，服薬し，なかには人口呼吸器，チューブによる栄養補給，膀胱留置カテーテルなどを利用している人もいる．医療，看護，医療的ケアがなければ，生き続けられないのである．

　医療的ケアは，経管栄養等における喀痰吸引など生活上必要な支援であ

るが, 医療行為とされている. しかし, 支援職や教員など非医療職も, 一定の研修を受ければ, 「医療的ケア」を行うことができる.

　病名 (多くは症候群名) あるいは診断名は, 医療やリハビリテーション活動の方向付けをするために必要となるが, それによって必ずしも支援活動の具体的方針を決めるわけではない. しかし, 緊急性の判断や, 治療やリハビリテーション活動の方針を決めるにあたり, 利用者と日常接している支援職 (介護職等) と医療職との連携活動は, とりわけ重要である.

　障がい者支援に関わる以上, 支援職にも一定の病状理解が望まれている. たとえば, 子育て中の母親や父親, 親の介護をしている家族などが必要とされるような, 従来は常識とされてきた病状理解や手当方法などである. しかし, より大切なことは, 保健医療関係者との連携を日常的に密にすることである.

③ 精神および行動上の障がいへの対応
——症状・障がいへの対応——

　医学的診断が必要な場合は, 本人が福祉制度を利用するとき (たとえば障害者手帳, 障害年金, 成年後見制度, 障害支援区分認定, 自立支援医療等) である. しかし, 福祉の相談や支援を進めるうえでも, 障がいや病状に関係する生活上の困難性や病状の動きを知ることが望まれる. 保健, 医療機関との緊密な連携によって, このことは可能になるだろう. 連携があってこそ, 当面なすべき危機介入 (crisis intervention) や, 今必要な治療 (treatment), そして福祉的支援が, 円滑に行われるのである.

　統合失調症 (schizophrenia) の場合, 興奮, 不穏, 多動, 滅裂な言語, 幻覚妄想の活発化などのような目立つ (急性期の) 症状は, 陽性症状ともいわれる. 他方, 陰性症状といわれる寡動 (動きが少ない), 寡言 (緘黙, 言葉数が少ない), 無気力, 自発性低下, 感情表現の乏しい状態, 引きこもり状態,

うつ状態などは目立たないので，わかりにくいところがある．

　統合失調症についても，現在では，脳神経の科学的所見がかなり解明されている．しかし，脳機能の疾患という特質から，他の多くの身体疾患のような，通常行われる日常的な臨床検査で診断の見込みを立てるというわけにはいかない．また，同様の病態と考えられても，表れる行動や症状には個人差がある．

　しかし，本人の訴え，家族等からの情報，症状やその経過，本人の性格，日常生活の様子，薬物（抗精神病薬）に対する反応性などから，精神科診断の訓練を受けた精神科医によって診断され，その人の病態に応じた治療方針が決められている．通院，つまり主治医との面談は，利用者個人によって異なるが，長期に及ぶことも少なくない．急性症状・陽性症状のはげしい時期でない限り，利用者は，主治医との面談（診察）のなかで，薬物の効き方や病状に関すること，生活上の問題などを訴えている．この点は，内科などの疾患の場合と変わるところはないが，面談の時間は短くはない．

　精神障害や人格障害を持つとされている人のなかには，虐待やいじめを受けたり，社会への適応や就労が困難であったり，引きこもり状態が続くことがある．一部の人ではあるが，家庭内暴力，自殺や犯罪化などに巻き込まれるおそれもある．したがって，病状や状態に応じた対応，すなわち療養，危機介入，医療，福祉的処遇等が必要となる．症状は軽いが，慢性化する人は少ないとはいえない．それゆえ，医療，すなわち薬物療法，通院カウンセリング（医師による面接相談），リハビリテーション療法などの継続した医療が必要である．地域では，多くは，高齢の家族が支えているが，福祉による支援が必要な人は少なくはない．

　気分障害（うつ病）や統合失調症と診断されている人の，自殺する割合がかなり高いことは，以前から各国で知られている．同様に，アルコールや薬物等の依存症の人やパーソナリティに関係の深い問題で苦しんでいる人（パーソナリティー障害）の自殺率も，低くはない．青年の自殺，とくに

男性自殺既遂者の１割強が，自閉症スペクトラム症（ASD）であったという報告がある（三上克央他，若年者の自殺企図の臨床的特徴，児童青年精神医学とその近接領域　59（4）387-392，日本児童青年精神医学会，2018）．診断とは，その人の自殺直前の精神および行動の状態を記述したものであって，原因や誘因を分析するものではない．

　自殺を，国の統計から見れば，推定された自殺の動機は，毎年，健康問題が半数近くを占め，最多である．次いで，経済・生活問題，家庭問題，勤務問題の順である．無職者の自殺は６割強に達する．[2] 各国の臨床的調査からも，自殺既遂者に精神疾患の割合が高いことが判明している．精神障害・精神疾患を持つ人の，生きづらさの反映であろう．

　統合失調症などの慢性化傾向のある精神疾患と診断され，あるいは疑われている人や，障害児等の親のなかには，医療を避けて（薬物や医療機関への通院を事実上拒否して），心理療法やカウンセリング，加持祈祷や民間療法などを選択した結果，家族を苦しめる，あるいは，本人が不幸な結果（病死，自殺，他害，他害の対象は家族のことがある）を招く例が，稀とはいえあり得る．[3]

④　過剰診断問題

　わが国でも普及しているアメリカ精神医学会による〈精神および行動の障害〉の診断分類（DSM分類法）による，以下の診断名は，過剰診断を招きやすいという専門家による指摘がある（文献１-３参照）．[4]

- ・うつ病（気分障害）
- ・発達障害，とくに成人の注意欠如多動症（注意欠陥多動性障害，ADHD）や自閉スペクトラム症（自閉症スペクトラム障害，ASD）
- ・心的外傷後ストレス障害（PTSD）

　　・適応障害
　　・軽度認知症（Mild Neurocognitive Disorder）または軽度認知障害（MCI,
　　　Mild Cognitive Impairment）

　これらの症候群名も，研究途上であること，現今の社会情勢を反映していることを認識したい．人びとの個性的な生き方，付き合い方への社会的不寛容が，診断名に反映され，disorder（障がい）を増幅しているともいえるからである．

　範囲があいまいな，水増しされた診断がまかり通るならば，人の多彩な行動や多様な性格や個性を正当に評価せず，人の生き方や個性にネガティブなレッテルを貼ることとなりかねない．

　現代の先進国のなかには，我が国もそうであるが，年齢と関係の深い行動や，老化や，個性的な行動など，人として当たり前の生理的変化や，個性というべき心理的偏りを病気や障害とみなす傾向，medicalization（医学化，疾病化）が見られる．それなりの社会的要請が当然考えられるが，果たしてこの傾向は好ましいことなのだろうか．

　精神および行動上の障害という診断分類に該当すると言われている人たちのなかに，芸術，文化，科学，産業等の諸分野で，世界的規模の業績を残し，人類に貢献した人，また，現在活躍している人たちが，決して少なくないことを私たちは知るべきであろう．

⑤　家族を苦しめた自閉症心因説とその治療・訓練法

　1960年代から70年代にかけて，メディア関係者，一部の教育評論家，政治家，教職員，心理職，教育系大学教官，児童精神医学を専攻していない評論家風医師，トレーナー等が，自閉症心因説，自閉症情緒障害説，自閉症発症原因テレビ影響説，食餌原因説，母原病説，さらにはスパルタ教育

的訓練法や治療法（矯正法）などという非科学的な（学問的には証明されていない）憶説を発表し，メディアはこれを世間に広めた．一部には，虐待に等しい訓練と称する行為があり，訓練指導者で服役した者もいた．提唱者らによる学術的証明はもともとなく，反省は未だに聞かれない．

　育て方や家族間人間関係が，精神障害や発達障害を発症させるのではないかと考えた人たちは，1950年代以降の非専門家に多かったのかもしれない．それは第二次世界大戦中から1950年代にアメリカ合衆国で流行し，通俗化して，それが日本に輸入され，急増した大学等の一部で，一時的ではあるが，もてはやされた（精神分析を含む）心理学，（心理）カウンセリング等の影響によるのであろうか．

　また，我が国では昔から，子の育ちは，親，家庭の責任という見方が，世間の中に根強く存在している．これらの趨勢の中で，自閉症児（発達障害児）等のために，（一部大学教官の説を採用してか）文部省は，情緒障害児学級をつくった（自閉症が情緒障害とみなされたからである）．

　しかしながら，それまで一部大学教官や有力メディアが支持宣伝した自閉症に関する上記諸説が，実際に，臨床現場で，日常的に利用者やその家族と接している現場の臨床医から実情に合わないことが指摘され始めた．また，次々と臨床医学的知見が集積された．脳神経の生物医学的（科学的）研究も進み，いわゆる自閉症情緒障害説，心因説などは否定された．

　他方，学校では，発達障害や多動性障害の児童生徒の問題行動は，家庭の養育に問題があるからだと断定して，父母を責めることに終始する事態を長年続けて来た．

　有力マスメディアや出版物を介して，当時流布した自閉症に関連した上記憶説（心因論，親子関係論等）は，家族差別論に他ならなかったのである．自閉症といわれた人，とりわけその家族に対する過酷な仕打ちであった．この種の風説，俗説は，マスメディア界等で，その後も発生するようである．被害を蒙るのは，障がい児者本人とその家族である．

人の気質や性格は，十人十色^{じゅうにんといろ}であり，それが個性でもある．職場では，
適材適所という観点から，人事異動が行われているのである．何らかの行
動や人格面で偏りがあっても，それを周囲が認め合って，仲間として共に
働いているのである．[5]

注

1）ICD-10とは，WHO（世界保健機構）の国際疾病分類第10版（International
Classification of Diseases, 1990）を指し，精神および行動の障害だけでなく，
疾患一般に用いられ，厚生労働省の診断分類（国の疾病統計）もこれに拠って
いる．ICD-10は近くICD-11として改版される．DSM-5とは，アメリカ精神医
学会の「精神疾患の診断および統計マニュアル」（Diagnostic and Statistical
Manual of Mental Disorders, 2013）第5版の略である．これも改版されるだろ
う）．

2）厚生労働省ホームページ，みんなのメンタルヘルス総合サイト（mhlw.go.jp/
kokoro/nation/4_07_03out.html, 2019年10月20日閲覧）参照．

3）カウンセリングは，相談，助言ではあるが，医療ではない．世間には，非専門
職で，カウンセラーを自称して商売をする不誠実な人も存在する．

4）Kurchina, H. Kirk, H. S. A. 'Making Us Crazy', 1997. 精神疾患はつくられる，
DSM診断の罠，高木俊介，塚本千秋監訳，日本評論社，2002, Frances, A. 'Saving
Normal', 2013. 大野裕，青木創訳，〈正常〉を救え——精神医学を混乱させる
DSM-5への警告，講談社，2013, Paris, J. 'Overdiagnosis in Psychiatry',
2015, 現代精神医学を迷路に追い込んだ過剰診断，人生のあらゆる不幸に診断
名をつけるDSMの罪，村上雅昭訳，星和書店，2017.

5）自閉症，発達障害に関する総括的論文集は次の通り．高木隆郎，ラター，M. ショッ
プラー，E. 他共編著，自閉症と発達障害研究の進歩，1巻〜10巻，星和書店，
1997-2006. 児童精神科医による自閉症論批判書には，小澤勲，自閉症とは何か，
悠久書房，1984, 洋泉社，2007. 石坂好樹，自閉症考現箚記，星和書店，2008.

第4章　福祉と医療の連携

❶　医療との連携

　持続的な医療を必要とする福祉利用者は多いので，医療の継続が途切れないような配慮が必要である．様々な身体疾患を持つ人は，年齢と共に増加し，医療機関を受診する機会が多くなる．

（1）精神および神経疾患について

　精神疾患（統合失調症や双極性障害など）や，神経疾患（とくにてんかん発作のある人）の場合，主治医やその医療チームのメンバー（専門職）から，必要に応じて，治療方針を聞き，連携を保つようにしたい．連携活動を行う場合は，利用者・家族の気持ちに配慮して，連携のことを，予め利用者・家族によく説明する必要がある．

　また，行動上の緊急度，たとえば，つよい不安や焦燥，興奮，自傷，更には，自殺，他傷，遁走，行方不明になるおそれなどを，ある程度察知する必要に迫られることがある．これらは，医学的知識以前の，いわば常識的センスで判断すべき問題といえるのかもしれない．

　精神疾患と診断されている人で，ほとんど無症状の状態がかなりの期間続くことも少なくない．身体の疾患でも，同様のことがいえるだろう．しかし，服薬しない（通院しない）などの「医療中断」が続くと，なかには急に症状が悪化することもあり得ることは，身体疾患の場合と同様である．

　神経内科系の疾患や，高次脳機能障害，さらには取締法の対象でもある依存症等についても，医療との連携を通じて，一定の理解を進めることができるだろう．とりわけ重要なことは，いのちにかかわることであるので，健康状態についての一般常識的な知識（子育てや親の介護経験のある人の多くが知っているようなことがら）は，身に付けておきたい．福祉職場（とくに入所施設）では，救急救命法について，少なくとも年1回，職場内研修を行っている．

　刑事罰を伴う取締法の対象である覚せい剤等の依存症による精神病様状態には，とくに依存症にくわしい（依存症を対象としている）専門医療機関との連携や，必要があれば，警察への連絡など，素早い対応を要する場合がある．過去に薬物依存があると（その後の薬物の使用がなくても），精神病状態が再発することは稀ではなく，時には激しい症状が急激に現れることもあり得るからである．それゆえ，依存症の治療は，長期間必要とされている．取締法には，覚せい剤取締法，大麻取締法，麻薬及び向精神薬取締法，あへん法，毒物及び劇物取締法がある．

　精神保健福祉手帳を持っている人を含め，精神疾患，精神障害と診断された人と接する際は，利用者本人の了解のもとで行う保健医療関係者との連携は，必要に応じて，保ち続けるようにしたい．多くの精神保健医療利用者は，長期にわたり受診し，服薬と医師との面接を続けている．

　利用者本人はもとより，家族と話し合いを重ねるうちに，利用者の訴えや治療の経過，病者1人1人の気持ちや病状に対する構え，療養の仕方，保護者らの気持ちについて，理解を深めることができる．病者やその家族から学ぶことは，実に多い．

（2）精神保健医療に関する相談

　精神保健医療に関する相談は，総合病院精神科，精神科病院，精神科（神経科，心療内科，こころのクリニック等）を標榜（ひょうぼう）している医療機関（診療所）の

他に，各府県や大都市の精神保健福祉センター，保健所（保健福祉センター），さらには，市町村，ボランティア団体，家族会等が対応している場合がある．

　家族会が活動している地域では，家族会の会員による相談がある．家族は，精神疾患の親や子ども，兄弟姉妹，あるいは配偶者と暮らしてきた経験が長い．相談員の研修を受けた家族が，相談員となっている．とりわけ家族は，家族でもある家族相談員に，気楽に相談することができるにちがいない．

（3）多い病気について

　全国的な患者調査（厚生労働省，平成26（2014）年）によれば，多い病気（疾患）は，糖尿病，悪性新生物（がん），脳血管疾患（脳卒中），うつ病（気分障害），虚血性心疾患，統合失調症，神経症性障害，アルツハイマー病，胃十二指腸潰瘍，アルコール依存症の順であった．上位10疾患のうち，精神神経疾患が5を占めていた．すなわち，うつ病（気分障害），統合失調症，神経症性障害，アルツハイマー病（神経系疾患），アルコール依存症である．

　「精神および行動の障害」（DSM-5）の分類に，てんかん，アルツハイマー病は含まれていないのは，これらが神経病（神経系の疾患）に分類されているからである．しかし，てんかんは，知的障がい児者や脳性麻痺のある障がい児者に多く，行動障がいあるいは精神症状を伴うことも少なくないので，乳幼児期から小児科，精神科，神経内科を受診している人が多い．

　認知症・アルツハイマー病については，地域差はあるだろうが，現在では様々な対策が，行政，医師会，家族会，ボランティア団体等によって進められている．

② 障がい者の医療需要

　誰もが，障がいがあろうとなかろうと，外傷，事故，様々な病気にかかる可能性を持っている．障がい児者は，常時介護上の配慮や医療が必要な合併症（疾患, 症候群）を持っていることが少なくない．障がいが重いほど，障がいが重複しているほど，高齢になるほど，医療の必要性が高まる．

　誰もが，外傷，急病，持病の容態急変などで，救急医療が必要となることがある．支援職はその職場で，人のいのちに関わる事態に直面することが多い．それゆえ，医療との連携は，支援職の仕事のなかでも重要な事がらといえる．支援職のための法律も，保健医療サービス関係者との連携義務を規定していることは，前述のとおりである．

　障害者（入所）支援施設（知的障害者, 発達障害者, 精神障害者, 身体障害者等の入所施設）では，入所者の重度化，高齢化に伴い，医療を要する入所者が多数を占めるようになった．入所者の多くに，てんかん（けいれん発作・意識障害）をはじめ，行動障害や精神症状を伴うことが少なくない．知的障害・発達障害のある人の行動障害は，児童期から認められ，青年期に強まり，壮年期まで続くことがある．また，高齢化につれて，嚥下障害，呼吸器・循環器・消化器等の疾患，排尿障害，皮膚疾患，骨筋肉系疾患，転倒外傷，がん，眼科疾患等が増加する．

　障害者入所支援施設は，医療法上の病院である重症心身障害者施設のような医療（病院）機能を備えていない．しかし，必要性から支援職（介護職）は，施設に配置されている看護職と連携して，てんかんや行動障害の他，各種疾患に対しては，地域の病院・診療所の協力を得ながら対応している．また，支援職による喀痰吸引などの「医療的ケア」を必要とする利用者も増えている．

　以下は，筆者が20年来，嘱託医を勤めている障害者入所3施設の医療需

要の概況である.

（1）身体障害者等入所支援施設

　入所者の定員は50名，平均年齢61歳，平均障害支援区分5.9，身体障害者療護施設として発足し，開設後30年を経過した．入所者の8割は脳性麻痺を持ち，知的障害・認知障害・てんかんを伴う人も半数を超え，脳血管障害後遺症，高次脳機能障害等脳神経疾患，精神疾患を合併する人も3割に達し，全員が重複障害者である．

　入所者のなかで，医療的ケアを要する人12名（喀痰吸引9名，膀胱留置カテーテル4名，胃瘻4名，腸瘻2名，経鼻腔管栄養2名，呼吸器使用1名），浣腸を必要とする人4割，抗てんかん薬服用者は4割弱である（平成28（2016）年度）．誤嚥性肺炎を起こしやすい人が12名，頻回入院者は10名（誤嚥性肺炎5名，イレウス3名）である（この平成29（2017）年度は，とくに多かった）．

　通院受診者は，1人平均月6回に及ぶ．（病院）入院者（実数）は年間16名ないし30名である．年間死亡者は，1名ないし4名であるが，いずれも高齢の重病者であり，病院入院後間もなく亡くなられた．

　受診者の疾患は，多い方から，消化器疾患，脳神経疾患，皮膚疾患，循環器疾患，骨筋系疾患，脳血管系疾患，精神科疾患，泌尿器科疾患，内分泌疾患等である（歯科を除く）．消化器疾患で受診回数が多いのは，便秘，胃ろう・腸ろう処置，イレウス，嘔吐，消化管出血，胃カメラ検査等である．

　看護師は常勤3名，非常勤2名で，土日祝日も日勤の勤務体制であるが，夜間帯は，講習を受けた支援職が，必要に応じて喀痰吸引等の「医療的ケア」を行う．非常勤医師は3名（内科，神経内科，精神科），常勤の理学療法士は1名である．

（2）知的障害者・発達障害者・精神障害者入所支援施設

　この施設の入所者の定員は60名，開設後25年を経過し，平成29（2017）年度の平均年齢46歳，入所者の多くは，行動障害を伴う重度の知的障害者及び発達障害者であるが，知的障害を伴う精神疾患を持つ人も入所している．平均支援区分5.8，入所者の約 6 割に強い行動障害が認められる．抗てんかん薬服用者は 4 割，抗精神病薬服用者も 4 割であり，持続する行動障害や精神症状に対して与薬されている．つよい行動障害とは，多動，興奮，パニック，自傷，器物破壊，他傷，日常生活に支障をきたす程度の常同反復行動（強いこだわり行動）などである．

　なお，抗精神病薬の使用については，本人や保護者にあらかじめ説明し，了解を得るようにしており，処方の変更についても，保護者の同意を得ている．薬物服用者の行動や身体の所見については，随時，支援職，看護師，嘱託医が連携し，事例検討を行っている．

　内科疾患で頻回入院 1 名，精神科短期入院 1 名．喀痰吸引等医療的ケアを要する人はいないが，病状が重く，継続的な内科外科等の治療を受けている人は 4 名である（平成29年度）．受診疾病で多いのは，歯科を除けば，てんかん及び行動障害・精神疾患，内科系疾患（消化器とくに便秘，胃カメラや大腸ファイバー検査，貧血，大腸疾患，呼吸器疾患他），皮膚疾患，整形外科疾患，婦人科疾患（がん）の順である．

　看護師は常勤 2 名，非常勤 1 名の日勤であり，土日祝日の勤務はない．非常勤医師 2 名（精神科，内科）であるが，随時，必要に応じて，隣接する入所支援施設の非常勤医師（内科，神経内科，精神科）も診療に当たっている．

（3）高齢知的障害者・精神障害者等入所支援施設

　この入所施設は，知的障害，発達障害，知的障害を伴う精神疾患を持つ人計50名，入所当時は中高年で，行動障害や精神症状が比較的目立たない人たちであった．しかし開設後15年を経過した現在，入所者の半数は60歳

を超えた．平均支援区分5.7，喀痰吸引４名，呼吸器使用１名，経鼻腔管栄養１名，胃ろう１名，腸ろう１名，膀胱留置カテーテル２名，褥瘡処置３名，透析１名であり，誤嚥性肺炎で短期入院されていた４名は，その後亡くなられた（死亡者は，重病高齢者が集中した平成29年度に多く，翌年度の死亡者は０名である）．

　開設時は，身体障害者は入所対象外であったが，開設時に３名，現在は９名が，室内移動に車椅子を必要としている．

　歯科を除く年間の受診者は入所者１人平均年15回，通院先受診科は，皮膚科，内科，精神科の順に多い．精神科受診者の多くは，てんかん外来に受診している．抗てんかん薬服用者は，入所者の26％，抗精神病薬服用者は，入所者の13％である．なお，便秘薬使用者は，８割に達する．

　看護師は２名，日勤で，土日祝日の勤務はない．非常勤医師は，内科１名，精神科１名．

③　入所支援施設における医療，看護，支援の連携

（1）看護師の業務

　以上の３入所施設における看護師の業務は，入所者の健康管理，日常の与薬，施設内での日常的処置とくに喀痰吸引，注入食，導尿，浣腸，容態急変対応，疾患の早期発見，ほぼ毎日の総合病院等への受診付き添い，支援職が行う医療的ケアの支援等，多様な連携活動である．支援職員の要望もあり，必要性からも，看護師は通常の定数よりは若干多く配置している．

　上記のように，高齢者と重症合併症が多くなっている入所支援施設で望まれる看護師は，総合病院において救急外来や多くの臨床各科病棟経験者である．強度の行動障害を伴う知的障害者が主体の入所施設でも，前記のような看護経験者が望ましいのは，身体面の看護が主要だからである．精神（病的）症状や行動障害への対応は，看護職と支援職とが連携して行う．

また，医師・看護職・支援職との情報交換・事例検討を隔週に行っている．支援職も看護職と同様に，健康管理，日常の与薬，救急対応，受診付き添い，医療的ケアなども行う．

（2）施設における医療

医師は，上記3施設入所者を対象とする診療所の管理者1名の他に，近隣の病院（総合病院）や診療所（個人開業医）より，嘱託医としての来診がある．上記3施設の嘱託非常勤医師は，内科2名，神経内科1名，精神科兼内科1名，精神科1名である．歯科は受診以外に，（入所施設への）訪問診療がある．

高齢になるほど，また身体障害や疾患を合併している人ほど，医療需要が高い．3入所施設全体では，歯科を除く診療所・病院への通院者は，入所者1名あたり平均年間22日，入院者（入院期間1日〜104日）は，全入所者の28％である．年間の入院者30名中死去6名であった（平成29年度はとくに多く，次年度は0名であった）．

入所者のほぼ全員は，歯科の往診治療や外来診療を受けている．外来受診の疾患別では，多い順に，消化器系疾患（胃ろう・腸ろう処置，貧血，便秘，イレウス，嘔吐，消化管出血，胃カメラ等検査），皮膚疾患（自傷による皮膚疾患を含む），精神および行動の障害（てんかんを含む），神経系疾患（麻痺，運動障害），循環器系疾患，耳鼻科疾患，内分泌系疾患，骨・筋肉系疾患（外傷を含む）である．最近では高齢化に伴い，白内障の眼科手術も行われるようになった．

各施設に共通する日常配慮すべき医療上の課題は，行動障害，精神症状，てんかん発作，誤嚥，転倒外傷，容態急変，高齢重病者対応等である．また，与薬トラブル（錠剤の一部が落下するなどのヒヤリハット）も稀とは言えない．行動障害のつよい入所者の多い施設では，支援方法の工夫をしていても，他傷（他者攻撃的）行為（対象は利用者及び職員），自傷（皮膚かきむしり，

頭突き等），器物破壊等を防ぎきれないことがある．

　近年は，「がん」など重症患者の介護，終末期の介護の機会も増えており，家族親族や後見人等との連携が重要となっている．重症化して終末期状態になった場合，気管切開，呼吸器使用，胃ろうなどの処置を選択するかどうかという〈医療の選択〉については，高齢病者や「がん」の重病者の場合は，経口摂取，輸液等の通常医療と緩和ケアを希望選択する人が増えている．

　入所施設等では，高齢者や重病人に接する場合が少なくないので，施設勤務の支援職は，保護者や医療機関等との連携を日頃から密にしておく必要がある．終末期のケア（ターミナルケア）や看取りを行う場合は，家族親族・保護者・後見人等との連携と，施設職員全体による取り組みが重要である．

　現在，多くの入所者は，瀕死の時期には，病院側の協力もあり，入院して死を迎えている．

（3）医療的ケア

　支援職には，医療との連携に必要な知識，手法の研修が望まれる．救急対応をはじめとして，喀痰吸引などの医療的ケア，嚥下障害対応は必須（必ずしなければならないこと）である．誤嚥による肺炎や死亡事例は，決してまれとはいえないからである．

　支援職の医療職，看護職との連携は，上記のように日常的に行われている．身体障害，知的障害を問わず，嚥下障害のリスクは常にあり，重度障害や重症疾患を伴う場合，高齢化につれて，このリスクはより増大し，死亡の原因になり得る．

　誤嚥対策は，福祉施設内だけの取り組みでは不十分であるため，総合病院嚥下外来を定期的に受診して，知識を得，さらに病院所属の嚥下障害に詳しい言語聴覚士等による職場内研修も行っている．

第 5 章

チーム支援

● チームの一員として働く

　支援職は，利用者の生活を支えるために支援活動をしているが，職員自身が属するチームやそのチームが属する事業所は，共通の理解と方針の下で，アセスメント（評価）を行い，ケアプラン（支援計画）に沿った支援活動を行う．したがって，私的個人的な支援はしないし，できない．チームの一員として働くのであり，支援活動内容とその評価は，チームが共有するのである．

　相談支援の場合，利用者と信頼関係をつくることは大切であるが，利用者と個人的な相互依存的共生関係に陥らないような工夫が必要である．このような場合，「人とのあいだの距離の取り方」が問われてくるであろう．

　利用者との人間関係においては，利用者の年齢，個性，生活史，社会的背景について，敬意をもって理解し，支援職の個人的な価値観で評価してはならない．職員は，自分自身をつねに見直す必要に迫られるのである（自己覚知）．

　請負主義（俺に任せておけ）は，専門的教育を受けていない人の場合や，チーム活動が成立していない場面で発生することがある．決して利用者のためにならないばかりか，支援職自身の成長を阻むことにもなりかねないであろう．

　また，反社会的，攻撃的行為への警戒と，それらへのすばやい毅然とし

た対応が必要なことはいうまでもない.

第6章　事例検討

❶　チームで行う事例検討

　障害を持つ人が，問題解決を求めている．そのような人を支援すること
は，支援職個人の力量を超えた課題であるから，支援に関わる多職種チー
ムの成員が，何が問題か，どうすればよりよき支援ができるかについて，
よく検討しながら，最善の方法で支援を進める必要がある．

　それゆえ，守秘義務を課せられている支援の専門的職員が，個別事例に
ついて，支援の計画，方法，評価を行う事例会議（事例検討会議）は，支援
職にとって欠かすことのできない重要な仕事（職務）である．

　事例会議は，利用者のための適切な支援方法をチームが共有し，適切な
支援を提供するために不可欠な手続きである．事例会議によって，透明性
のある支援行為が保証されるのである．また，事例会議の積み重ねが，職
員にとっては，支援技術を高めるための最善にして最強の道であるといえ
るのである．

❷　事例検討会議を定例化する

　事例会議は，支援活動をする以上，福祉の通所，入所，相談支援等すべ
ての事業所で欠かすことのできない業務である．

　定期的な事例検討会議（case conference, case study）で，チームが，事例

に関するアセスメントを共有し，学術的に承認されている（エビデンスに基礎づけられた）方法論に基づいて，支援の方針を決める．ついで，その方針（プラン）に基づいて，支援活動を行い，その過程，結果を評価し，更なる実践に移る（アセスメントから始まるプランplan・実践do・評価check・実践actの事例検討，PDCAサイクル，あるいはモニタリング）．チーム内では互いに隠し事はできないし，しない．

　事例会議の積み重ねが，職員相互の技術を高め，利用者に適切な支援を提供することにつながるのである．事例会議への参加は，自己の支援技術を高めるための最良の機会に他ならない．事例会議参加者は，守秘義務を課せられた職種に限られている．この会議には，専門的技術指導ができるスーパーバイザーによる助言，他の専門職によるコンサルテーションが望まれる．とくに入所支援施設では，相談支援事業所に比べて，職員は多いが，交代制や当直などがあり，会議の持ち方には工夫を要する点が，少なくはないだろう．

❸　ほう・れん・そう（報告・連絡・相談）と会議

　チーム内では，毎日の引き継ぎ時間中の短時間で検討すべき事例についての会議（たとえば15-20分以内）と月1回以上，できれば週1回の定期的な事例会議，必要に応じて月1回程度の関係者全体による事例検討会なども開かれる．会議時間は，議題にもよるが，長くても1時間程度で終わるように努めたい．なお，施設の性格や規模により，様々な方法が考えられるだろうが，毎日のチーム内の情報交換（ほう・れん・そう）を怠ることはできない．

　事例や引き継ぎの会議に出ないで，会議録を後で読むだけで済ますということは，適切でない．後から報告を会議出席者から直接聞くほうが，記録を読むよりは好ましいといえる．いずれにせよ出席することが大切であ

り, 出席は義務というべきである. 会議の場では, 言葉による連絡だけではなくて, お互いの目, 声, 表情, 身振り, 場の雰囲気などコミュニケーション全体の情況から, 発言者の気持ちや事態の緊急性や問題の深刻さなどを感じ取ることができるからである.

　また, 個別の事例の支援目的・方法・評価等を, 受け持ち担当とされる人に任せてしまうのは, 好ましいことではない. チームとして支援をしているのであり, チームが責任を担っているということを, つねに念頭に置く必要がある.

　行動障害を伴う知的障害者が多数を占める入所支援施設では, 事例検討を中心とした棟担当支援職による棟会議を月1回開催している. 他に, 関係者による日中活動会議, 運営会議, 安全委員会, 衛生委員会, 給食委員会等多くの (多すぎると思われる) 会議があり, 時間外の自発的な自閉症勉強会, 認知行動療法勉強会, 発達支援センター職員によるコンサルテーションなどを続けている. 隔週に, 嘱託精神科医による診察があり, 医師, 看護師, 支援職 (担当者やチームリーダー) が, 検討すべき事例について話し合っている. 毎日の担当者による引き継ぎは, 朝, 昼, 夕の3回で15分程度である. 夕方の会議を午前に行うなどの工夫も続けられている.

　なお, 支援関係職種の会議が長くなる傾向について, とくに入所施設では, 職員数が多く, 職種が限定されず, 用語の使用にも説明が必要なことがあるという指摘もある.

　身体障害を伴う重複障害者が多数の入所支援施設では, いずれも月ごとに, 男女1棟ごとの事例検討は, 2回行っている. 他に, 委員による月1回開催の委員会は, 安全衛生, 虐待防止, リスク管理, 給食, リハビリ, 研修の各委員会である. 他に, 運営委員会, 職員会議がある.

　職員がすべて社会福祉士, 精神保健福祉士等で構成され, しかも職員数が少人数の地域相談支援事業所では, 短時間の会議を随時頻繁に持つことが可能である.

第 7 章

記録義務

　事例検討や活動内容（会議，評価，計画，実施状況，総括，その日の連絡事項など）を事業所の書類に記録する必要がある．利用者の記録は，職員個人のノートやパソコンには記入できない．

　記録は本来，利用者のためのものであるから，利用者またはその保護者や後見人あるいは保護者側の弁護士から記録の開示請求があれば，支援記録を開示しなければならない．このような開示請求は，決して稀ではない．

　記録はまた，捜査や訴訟上の証拠書類ともなり得ることを確認しておきたい．当然ながら，正確さと記載者の氏名が必要である．

第8章　ケアする人の健康保持

　福祉職場でとくに重要な健康上の課題は，メンタルヘルス（精神保健）と腰痛対策であろう．この問題には，職場全体が取り組む必要がある．メンタルヘルスについては，チェックリスト[1]を活用し，結果処理は外部の医療機関等に依頼し，個別的対応も外部の専門医にお願いしている．

　健康問題，とくに腰痛，メンタルヘルス，更には，ヒヤリハット・インシデント・アクシデント問題等については，産業医を含む月1回開催の産業衛生委員会で検討して，職場に問題提起し，経過をフォローしている．

　心身の健康保持は，一般に行われているように，職員1人1人が自身の体調や健康に関心を持ち，自分に適した方法を日頃考え，実践することが基本である．

　腰痛対策については，腰痛対策に特化した研修と対応が職場に浸透するよう，管理職と各部門より選ばれた衛生委員会メンバーを軸に，啓発と実践を徹底するように努める．毎朝の放送による腰痛体操，腰痛予防器具の導入，理学療法士による腰痛予防研修を行う．また，腰痛対策は，他の身体疾患もそうであるが，メンタルヘルスと切り離すことはできないだろう．

　職場内の職員相互コミュニケーションをよくすることは，心身の健康にも好影響をもたらすにちがいない．個人の健康や生活の調整は，個人個人の日常生活のあり方，仕事への充実感・達成感にも関係するので，1人1人の自発的な意識改革と生活調整が不可欠であることはいうまでもない．

　誰もが，仕事量と自身の処理力とのギャップ，年齢に伴う身体及び心理上の変化（青年期，更年期，老年期それぞれに体験する危機的課題），家族内問題

など，心身の疲労をもたらすような状況を経験するものである．私たちは日常的に，特に意識することなく，休養を取り，あるいは友人らと会話を楽しみ，または，読書し，脳に静かな刺激や安定感を与える自然に触れる体験をし，時には，芸術作品や文化財を鑑賞する．散歩，スポーツ，テレビ，音楽，映画鑑賞，小旅行，巡礼などをする人も，少なくはないだろう．

　個人の性格や趣向，その時の気分，身体の状態，知的関心，人間関係等に応じて，気晴らしの方法や趣味の選択はさまざまであるが，何らかの趣味を持つことは，日々の生活を充実させてくれる．もちろん，年齢や身体の状態に応じて，体力，趣向，活動量は異なるが，本人はそれほど意識しなくても，日頃からこころを平静に保ち，こころ豊かに生きるための自分に適した生活の方法を自ずと工夫している人は，実は多いのではないかと思われる．

　人には個性があり，しかも生活環境も，生活態度や余暇の過ごし方もさまざまである．私たちは，疲労をため込まないように，自身に適したストレス解消法や心身の自己調整を，あまり意識しないで，日常的に行っているのではなかろうか．過労の時は休息し，回復に努める．不調の時は無理をしない，動きすぎに注意するなど，自身の生活様式に適した過ごし方をしているだろうし，またそうすべきである．行き過ぎた言動があれば，家族，友人，同僚などが注意してくれるだろう．

　ところで，職場で働いている人間は，直接的間接的に，お互いに支え合って仕事をしているといえる．そのことに気づかない場合が少なくないかもしれないが，何かの事件に巻き込まれた場合，とくに災害や不幸があった場合に，人の好意，絆，人から受ける支えなどに気づかされることがあると思う．

　とりわけチームで仕事をする医療や福祉の職場では，支え合いは日常的に欠かせないといえる．同じチームに属していなくても，それとなく助け合うことがあるという職場の存在は，その職場で働く個人の心身の健康に

よい影響を与えてくれるだろう．さらには，仕事への意欲をも高めてくれると思う．

　また，さまざまな領域にわたる職場研修，とくに外部（福祉界以外の異なる職種）の講師による研修は，新しい刺激となるから，いずれは職場の活性化に役立つにちがいない．先輩（上司）や後輩（部下）を含め，職場の同僚による仕事以外のコミュニケーション，共に楽しむレクリエーション的活動も，1人1人のストレス解消，さらにはこころの支えにもなっているだろう．これらは，職場共同体（福祉や医療の職場では，このような特色があると思われる）がもたらしてくれる個人への影響，さらには恩恵であるともいえるのではないだろうか．

注
1）産業医学振興財団，産業医・産業保健スタッフのためのストレスチェック実務
　　Q&A，2018.

第 9 章

保護者，住民等からの批判

　利用者，保護者，住民等からの様々な批判や問題提起がなされた場合には，対外的な折衝の多い事務系職員と連携し，現場の管理職を中心に，地域に開かれた事業所として誠実に対処できるようにしたい.

　保護者利用者等からの批判的意見（苦情等）や問題提起は，従来の実践への批判であると受け止め，見直しや改善を行うための契機である，と捉えるべきであろう. 批判的意見は，医療機関では日常的である. しかし，福祉の事業所では稀である. 意見を述べることが困難な利用者が少なくないからである. また，わが子や親を施設に預けている，世話になっているといった，保護者側の遠慮もある. しかし，批判的意見が出されることは，施設職員が自らを省みる現状改善の一歩となり得るのであるから，前向きに受け止めていきたい.

第10章　　地域相談支援

　これまでは主として支援施設内の問題について述べてきたが，障がい児者の大多数は，実は地域で生活しているのである．大多数の障がい者は，家族による世話を受けているのである．

　自立支援法施行以前は，障がい者の地域における相談支援の制度的保証は無きに等しかったので，地域では，家族が一切の世話をしており，専門職等による支援活動は，いちじるしく制限されていた．

　平成17（2005）年に，障害者自立支援法が成立し，平成25（2013）年には，これが障害者総合支援法として，地域福祉の体系的基礎が，ようやく制度化されるに至った．このようにして市町村に，介護訓練，自立支援医療，補装具費等の支給，相談支援，地域生活支援を行う事業所が配置されることとなった．この事業所は，相談，地域移行，地域定着，サービス利用，継続サービス利用支援等を行っている．

　筆者は，自立支援法・障害者総合支援法施行以来，京都市の或る区（人口約5万人）の地域生活支援事業所3か所の職員が毎月行う合同事例検討会に参加している．この経験から，以下のような事例については，慎重かつ持続的な相談連携活動が必要であると考えている．

①障害児とくに知的障害児が虐待されている家族
②家族内に複数の障害者がいて，育児，家族内人間関係，生活・経済面で困難が見られる家族
③身体障害，知的障害，精神障害，発達障害のいずれかを重複（合併）

した障害を持つ人がいる家族で，生活・経済面，家族内人間関係に支障が出ている場合などである．なお，少数ではあるが，障がい児者に必要な医療の利用を拒否している家族への支援が難渋している．

　総じて，障がい児者のいる家族の多くは，対人関係面でも，生活・経済面でも，相当な困難を抱えているのである．

第11章　　家族・利用者・職員が抱える問題

1　家族が体験している困った経験

　ほとんどの家族は，さまざまな面で苦労しているが，精神疾患や，いわゆる強度行動障害，認知症の介護では，家族の心労や心身の負担は極めて大きい．

　精神疾患である統合失調症やその類縁疾患を持つ人の家族を対象とし，家族会が協力した調査によれば，家族の困窮は次のとおりであった．家族の本音が表れている調査は少ないと思われるため，この調査結果を，福祉，医療関係者は真摯に受け止めたい．

2　利用者，家族，職員が抱える問題

　家族の6割が，精神障害者による身体的暴力を受けているという調査がある．この種の調査は，これまでほとんど行われていないか，発表されることがなかったと思われるが，最近になっていくつかの調査が発表されるようになった（表11-1，11-2）．しかしながら，暴力に至った障がい者の側からの，追い詰められた精神状態からの衝動的行為について，医療職や支援職は，これを理解しようと努めているのであり，また，そうしなければならないと思う．[1]

　介護者，看護者の受けるハラスメント（悩まされること）については，ご

表11-1　家族の困窮

本人の病状が不安	62.1%
家族自身の不調	45.3%
家族の就労に影響	22.4%
身の危険	15.9%
近所関係	15.1%

出所）京都文教大学「京都府南部地域ともいき（共生）キャンパスで育てる地域人材」地域志向教育研究プロジェクト「精神障がい者の家族（ケアラー）への情報提供と支援に関する実践的研究」2014, 精神に「障がい」のある本人をケアする家族のために（京都版）平成27年12月.

表11-2　家族自身の困りごとや困難

気苦労や将来の心配	78.0%
家族自身の心身不調	55.6%
心身のゆとりがない	51.3%
兄弟姉妹への気遣い	35.3%
友人や付き合いが減少	33.2%
経済的な困難	29.8%

出所）表11-1に同じ.

く最近になって調査やその結果が発表された.

　訪問看護師についての調査では，看護師の5割が，訪問先の利用者や利用者の家族親族から暴力を受けていたという（神戸市看護大学，平成15年度調査，産経新聞電子版　2017年6月18日他）.

　医療現場では，看護職の71.5％が，患者からセクハラを受けていた（医労連，2017年看護職員の労働実態調査結果報告，医労連ホームページ）.

　知的障害者・発達障害者等の入所施設，とくに行動障害のつよい入所者が多い施設では，表には出ないが，同じ施設内の入所（利用）者による入所利用者に対する他傷的行為や，利用者による職員に対する他傷的行為は，多くはないが，稀ではない．それゆえ，このような現実を受容しながら，事例検討を重ね，支援の方法に細心の工夫を続けている.

　私の知る限り（過去50年余り）の民間福祉法人では，これを問題視し，外部に発表することはなかったと思う．家族も，暴力を受けても外部に言うことはない．家族も職員も，行動障害に奔る原因や状況をそれとなく感じ，理解しようとつとめ，対応を常に工夫しているのである．他傷的行為を受け入れて，黙々と世話や支援を続けているのである．

　しかしながら，一部の施設ではあろうが，職員による虐待事件（犯罪）が，近年相次いで報道された．職員及び施設運営の質が，きびしく問われなければならない（次の第12章参照）．

注
1）精神障がい者の家族が受ける暴力——私たち支援者が向き合うべきこと——，上廣倫理財団研究助成研究成果物（研究代表者藤山正子）平成27年12月，YPS横浜ピアスタッフ協会，藤山正子，当事者が語る精神障がいとリカバリー——続・精神障がい者の家族への暴力というSOS——．明石書店，2018.

第 12 章

障がい者虐待について

虐待については，児童虐待，高齢虐待などが，近年とくに問題視されている．（厚生労働省ホームページ，虐待に関する調査結果参照）．本書では，虐待を防ぎ，まともな支援活動を進めるにはどうするかという観点から，障害者施設における虐待について言及する．

● 障がい者虐待の調査から

障害者福祉施設従事者による障害者虐待
(以下の統計は，「平成29年度障害者虐待対応状況調査，障害者福祉従事者等による障害者虐待」厚生労働省ホームページによる)

- ・相談通報件数2374，うち虐待が認められた事例502件，被虐待者666名（男性66.1％，女性33.9％）
- ・虐待者　518人（男性72.6％　女性27.4％）
- ・虐待行為類型（複数回答）
  身体的虐待　56.5％
  心理的虐待　42.2％
  性的虐待　14.2％
  経済的虐待　5.8％
  放棄放置　6.9％
- ・虐待者の職種

　　生活支援員　44.2%

　　管理者　9.7%

　　その他従事者　7.1%

　　サービス管理責任者　5.4%

　　世話人，設置者・管理者　4.4%

・被虐待者（男性66.1%　女性33.9%）

・被虐待者障害種別（重複障害あり）

　　知的障害　71.0%

　　身体障害　22.2%

　　精神障害　16.7%

　　発達障害　5.1%

　　難病等　2.7%

　　うち，障害区分のある者　62.0%　行動障害のある者　29.3%

・障害者虐待が認められた事業所種別

　　支援施設　25.0%

　　共同生活援助　18.8%

　　放課後等デイサービス　12.3%

　　生活介護　11.6%

　　就労継続支援B型　9.3%

　　生活介護　11.6%　以下略

・市区町村等職員が判断した施設従事者による障害者虐待の発生要因
　（複数回答）

教育，知識，介護技術等に関する問題	59.7%
倫理観や理念の欠如	53.5%
職員のストレスや感情コントロールの問題	47.2%
人員不足や人員配置の問題及び関連する多忙さ	19.6%
虐待を助長する組織風土や職員間の関係の悪さ	19.1%

　以上から，虐待者には男性職員，とくに生活支援員が多く，身体的虐待が最多で心理的虐待もある．被虐待者では，知的障害が最多である．虐待の発生要因について受け付けた行政関係者の判断は，上記のとおりである．これは重要な指摘である．支援職にとって，支援職を採用する福祉事業所において，支援の教育・知識技術，倫理観，自己の感情コントロールがいかに大切か，改めて理解できると思う．

第 13 章

地域における親の会，家族会，ボランティア支援，利用者の会の活動

① 障がい児親の会

　ここでは，京都の場合を紹介する．昭和27（1952）年，宇治肢体不自由児父母の会が発足，昭和28（1953）年には，京都肢体不自由児父母の会（京都市身体障害児者父母の会連合会）が結成された．昭和29（1954）年には，京都精神薄弱者育成会（京都手をつなぐ育成会）が発足した．昭和30（1955）年に，YMCAによる肢体不自由児療育キャンプが開始され，肢体不自由児父母の会の児童が参加した．

　以来，早期から療育できる施設づくりや，制度上，就学の免除や猶予をされていた障がい児のための学級づくり，施設づくり要求など，行政への要望が繰り返された．

　昭和38（1963）年には，重症心身障害児施設2施設（島田療育園，びわこ学園）が発足した．この年，作家水上勉は，障がいのあるわが子が，教育や訓練から見放されている現状を告発する「拝啓池田総理大臣殿」と題する一文を，雑誌（中央公論）に投稿した．この頃より，マスメディアの一部も，障がい児問題を取り上げ始めたと思われる．しかし，これ以前から，小児まひの流行，サリドマイド薬剤による障がい児の発生，風疹流行による障がい児の集団的発生などをめぐり，親や市民から何らかの問題提起やこれらを支持する運動があった．

　昭和40（1965）年には，京都重症心身障害児（者）を守る会，心臓病の子

どもを守る京都父母の会，乙訓障害児父母の会，夜久野心身障害児（者）父母の会等が，相次いで結成され，翌昭和41（1966）年，京都心身障害児父母の会協議会が発足した．これは，京都府における親の会の全体組織である（京都府婦人児童課長の藤沢昭の協力があった）．昭和44（1969）年には，京都心身障害児（者）親の会協議会（心身協）として再組織された．これが，現在の京都障害児者親の会協議会（京親協）につながる．

　地方自治体も，障がい児者相談や障がい児者支援活動を助成し，通所施設等を開設するようになった．発達障害児については，昭和43（1968）年に，自閉症児親の会全国協議会が結成され，翌昭和44（1969）年には，京都自閉症児を守る会（現在の京都府自閉症協会）が発足した．これらの親の会は，現在，親による相談活動を行うほか，多彩な啓発活動を行っている．

　親の会活動のなかで，これに行政も呼応して，幼児から成年のための通所施設，入所施設が造られ，特殊（養護）学級（特別支援学級），養護学校（特別支援校）が増新設され，親無き後の福祉制度など，法制度が徐々に整備されるようになった．親の会活動は，障がい児者のための貴重な歴史を築いてきたということができよう[1]．

❷　ボランティア支援（青年学級日曜教室）

　ボランティアによる支援活動は少なくない．ここでは，親の会と連携した教師によるボランティア活動に触れる．高等学校特別支援校のなかった時代，また通所施設がほとんどなかった時代の昭和45（1970）年に，京都市では，障害のある中学卒業者を支援する障害児学級担当教師等による親の会と連携したボランティア活動が開始された．土曜午後，日曜日，週日夜間等に，学習会，クラブ活動，身体活動などを支援してきた（平成29年には，1100回を迎え，障害者の生涯学習支援活動として大臣表彰を受けた）．

③　家族会

　統合失調症あるいはその近縁疾患と診断されて，長期間の療養を余儀なくされている利用者の家族，とくに両親の会は，長い歴史がある．現在は，地域にもよるが，相談，支え合い，啓発などの活動をしている．専門職が，家族から学ぶことは，極めて多く，家族会と連携することの意義は大きいといえるが，現状は，ボランティア的な参加にとどまっている．京都では，家族会（京家連）は，現在，家族による相談，配偶者の集い，病者の子どもの集い，きょうだいの集いなどを開いている．

　家族会の全国組織には，精神保健福祉連合会（みんなねっと）が存在する．前身は，全国精神障害者家族会連合会（ぜんかれん）である．府県単位では，たとえば，京都精神保健福祉推進家族会「京家連」など，多くの県で家族会が活動している．

　家族会の歴史を顧みると，茨木県立友部病院では，病院単位で結成された．京都では，地域で家族会が結成された．これは，昭和37（1962）年頃から，京都府の郡部（北部の農漁村地域）で，保健所を中心に結成され，精神衛生推進懇談会と名付けられた．医療保険制度上，医療費の家族負担の割合が高かった当時は，入院は長期化することがあるので，入院費を支払うことが困難な家庭が大多数を占めた．それゆえ，公費負担で入院が可能となるような要求が，当然ながら強かったのである．わが国における地域家族会の嚆矢とされるこの家族会が，精神衛生推進懇談会と名乗ったのは，精神病という名称を名乗れば，相手にされない，という世相世論が存在していた（いる）からである．

　昭和39（1964）年のライシャワー事件直後[2)]，精神科医，研究者等（東京都立松沢病院，京大精神科，京大公衆衛生学教室，群馬大精神科等の医師）による「精神障害者には，強制的隔離よりも医療こそが必要である」とする啓発活動

が行われた．このなかで，家族会は，公の場で発言する機会を得た．京都の家族会と関東の病院家族会が中心となり，全国組織が結成されたのは，昭和40（1965）年である（全国精神障害者家族会連合会）．

　家族の悩みは，今も変わっていないといってよい（第11章参照）．制度的な家族支援が必要となるが，そのための社会的方策（家族支援制度）を期待したい．

❹　利用者の会

　精神障がい（精神疾患）については，当事者の会あるいは患者会，回復者クラブ（ソーシャルクラブ），サロン（行政等が助成するケースもある）などがある．この他，不登校やひきこもり，あるいは依存症の克服を目指して活動している支援者団体もある．

　一方，身体障がい者団体による福祉的活動の歴史は古く，法制度改正要求，相互援助，福祉事業運営，自主的社会活動など多様な活動が行われてきた．

　また，認知症については，家族の会をはじめ，地域単位で，家族介護者の会，市町村，医師会，病院，ボランティア団体を含めた啓発活動や見守り運動が行われている．また，当事者による啓発活動，サロン，カフェなど多彩な活動も行われるようになった（たとえば，京都府宇治市の宇治市認知症アクションアライアンスのれもんカフェなど，city.uji.kyoto.jp/cmsfiles/contents/0000014/14323/minnadeninchicho.pdf）．

注
1）京都障害児者親の会協議会，親の会協議会　結成40周年記念号，平成22年1月．
2）精神障害の青年が，ライシャワー駐日米大使を傷つけたことから，政府は精神障害者の取り締まり強化策を打ち出した．メディアは，精神病者野放しと報じた．

第 14 章　　　　　　　　　地域連携

地域多職種チーム連携

　利用者支援は，チームで対応するのであるが，とりわけ精神保健福祉利用者支援の場合，欧米では以前から，多職種でチームを構成して取り組んできた歴史がある（多職種チームアプローチ，ケース（ケア）マネイジメント）．多職種の参加がなければ，医療やリハビリや，地域内生活や就労などの支援活動が成り立たないからである．

　たとえば地域精神保健の分野では，保健所や地方自治体の保健師，ケースワーカー，病院や診療所では，医師，看護師，精神科ソーシャルワーカー（精神保健福祉士），心理師，作業療法士（OT）等によるチームがそれである．さらに，必要な場合，特に要望がある場合には，家族や後見人，利用者本人，利用者が住む地域のキーパーソンが加わることがある．就労中や休職中の場合は，ユーザーの職場との連携が必要である．

　連携活動を行うに当たっては，当然ではあるが，説明に基づく利用者の同意が，必要不可欠である．

　前掲のように，社会福祉士及び介護福祉士法（47条）には，「社会福祉士は，その業務を行うに当たっては，その担当する者に，福祉サービス及びこれに関連する保健医療サービスその他のサービスが総合的かつ適切に提供されるよう，地域に即した創意と工夫を行いつつ，福祉サービス関係者との連携を保たなければならない.」という規定がある．

　これは，資格の有無にかかわらず，すべてのソーシャルワーカー，支援や介護にかかわる支援職，介護職等に共通して求められていることといえよう．

　地域福祉を進める以上，連携活動は不可欠なのである．

コラム④　　　　　　　　事業所間人事交流

　福祉や医療のベテラン職員の多くが知っていることと思われるが，通所（通院），入所（入院），相談の各部門それぞれに勤務することの利点を挙げてみたい．

　入所（入院）施設に長年勤務すると，利用者との関係が限定されるので，きめこまかな根気のいるケアに習熟することができる．反面，外部や他部門と接触する機会が少なくなりがちである．通所（通院），デイサービス（デイケア），地域相談支援の部門では，多くの利用者や市民と接する機会が日常的にあり，そのような経験から学び，支援の体験を積むことができる．それゆえ，入所（入院）部門と通所（通院）部門あるいは地域相談支援部門等との人事交流（人事異動）は，自身の技術の向上の面からも，人材育成・後継養成の面からも重要であると思う．

第15章　支援職研修の実際

　筆者の所属する社会福祉法人（22事業所）は，職員研修を企画総括する研修センターを持ち，職員研修会，各事業所職員による実践発表会，市民向け研修会等を開催している．以下に最近の例を挙げる．

① 研修センター主催

新任職員研修（初年度 3 回）

　新任職員へのメッセージ（理事長から主任までが担当），法人の組織と運営，医療との連携（ケアのPDCA，チーム支援を含む），チームワーク，グループワーク，ビジネスマナー，メンバーシップ，記録の取り方，リスクマネジメント，法人理念の共有，各所属長との座談会，2年目職員が講師を務める研修会，メンタルヘルス，腰痛予防，事業所紹介，接遇，人権，虐待，コーチングなど．

3 年目研修，4 年目研修，主任職研修，管理職研修等

　テーマは，人権・虐待，管理運営，事務・財務，法制度，組織，視点の切り替え，組織力向上，コーチング・マネジメント，リーダーシップ，フォロワーシップ，ロールプレイング，コミュニケーション，自己分析ワーク，リスク管理，メンタルヘルス，接遇，面接技法，医療的ケア，仕事と私生活，てんかん，精神疾患，嚥下障害，発達障害等多岐にわたる．

　テーマの一部は，企業，団体等からの外部講師に依頼している．福祉界以外の企業等から講師を招く意味は，組織の活性化という面から，とくに

重要と考えるためである.

❷　事業所主催（職場内研修）

　救急措置，医療的ケア，感染予防，嚥下障害，てんかん，精神障害，腰痛予防，メンタルヘルス，高齢者の疾患，高次脳機能障害，自閉症認知行動療法，発達検査，身体拘束問題，リスク管理，障害者虐待，児童虐待，就労支援法制度，難治性疾患のある人の就労支援，地域生活支援事業など.
　以上は，年度ごとに希望を取り入れながら企画しているので，テーマと内容は変更される.　また，産業医が参加する月1回開催の産業衛生委員会では，リスク管理，心身の健康等について論議され，職場に問題提起されている.

❸　実践発表会

　年1回開催する，発表者3名，法人事業所職員から公募している.　過去10年の発表テーマ及び発表者所属事業所は次の通りである（発表年次順）.

　① 行動障害のある入所者の支援——チームアプローチに焦点をあてて——
　　　　　　　　　　　　　　　　　入所支援施設　京都市ふれあいの里更生園　北本拓也
　② 生活介護所における重度・多種多様な障害特性に合わせた支援
　　　——支援者意識と支援方法の変化——
　　　　　　　　　　　　　　　　　生活介護事業所コスモス　前野篤史
　③ 利用者支援から求職者支援へ
　　　　　　　　　　　　　　　京都障害者就業・生活支援センター　鈴木真由
　④ 行動障害を伴う自閉症利用者に対するこれまでの支援——システム
　　　（職住）分離と個別支援の観点から——

入所支援施設　京都市ふれあいの里更生園　中村俊雅

⑤ 入所高齢者・重症者とくに嚥下障害に対する多職種共同チームアプローチ

入所支援施設　京都市ふれあいの里療護園　廣岡貴子

⑥ 発達障害のアセスメントをどう考えるか

発達障害者支援センター　かがやき　柴田祥平

⑦ 子どもの「わかりたい」「つたえたい」気持ちを支える言語評価の試み

障害児通園施設　きらきら　佐々木明子

⑧ 障害のある方が地域で暮らすということ
　——障害者地域生活支援センターの取り組みを知って活用する——

京都市西部障害者地域生活支援センター　うきょう　木村耕司

⑨ 利用者の声が作業や働く環境に活かされる仕組みづくり——第三者委員諸氏の積極活用や利用者会議の開催について——

京都障害者就業・生活支援センター　川田祐樹

⑩ 就職への意識を高めるための取り組み——実践中のこと，今後を目指す方向——

就労移行・就労継続B型支援　花水木　横田晃浩

⑪ 保護者支援プログラムのあり方の再検討とその成果——業務効率化と職員育成——

発達障害者支援センター　かがやき　山野はるか

⑫ 発達障害者の就労支援における他機関との連携について

京都障害者就業・生活支援センター・

京都市障害者職場定着支援等推進センター　團史子

⑬ 学習療法を取り入れて——一年間の実践——

介護予防通所介護事業所　向日葵　吉村美保

⑭ 高齢知的障害者施設の支援の変化——生活・日中・余暇活動の場におけ

る対応の変化――

入所支援施設　京都市大原野の杜　佐々木猛

⑮ 医療を必要とする利用者の支援を通して――余命宣告を受けた利用者への支援――

障害者入所支援施設　京都市ふれあいの里療護園　重田洋亮

⑯ 支援スタッフのメンタルヘルス――腰痛予防の取り組みを通して――

入所支援施設　京都市大原野の杜　谷川光義

⑰ 拘束のない生活を目指して――ノーマライゼイションを原点に――

入所支援施設　京都市ふれあいの里更生園　神戸保恵

⑱ 家族全員に障害のある家族を地域で支える――地域ネットワークの再構築を目指して――

京都市西部障害者地域生活支援センター　らくさい　三好順子

⑲ 働き続けるための余暇支援

京都障害者就業・生活支援センター・
京都市障害者職場定着支援等推進センター　清水一史

⑳ 地域に根ざした事業所つくり

京都市紫野障害者授産所　篠田幸一

㉑ 自閉症の視覚支援――絵カードを使用して――

京都市洛西ふれあいの里授産園　細井絢子

❹　市民向け研修会

　発達障害者支援センター，就業・生活支援センターが，毎年行っている．居宅支援センター（居宅介護，重度訪問介護，行動援護事業）は，関係諸機関等の協力を得て，ヘルパー研修を毎月行っている．

発達障害者支援センターによる最近の研修会

・自閉症支援者養成セミナー

・就労支援スキルアップ

・障害のある大学生支援

・自閉症スペクトラム講座　基本編　年8回，同実践編　年8回，同高機能編　年11回

・市民向け公開講座　年1回

・市民研修会　年4回

・家族学習会　年5回

・保護者向け学習会（自閉症スペクトラム講座）　年11回

・職員研修　年6回

居宅支援センターによる最近の研修会

・知的・精神障害者ガイドヘルパー養成研修3回

お わ り に

　この書は，主として障がい者入所施設の職員が，日々の実践に役立つように，日ごろの支援活動，それは同時に自己研修活動でもあるが，その実際について述べたものである．入所施設における支援活動の基本は，障がい者の場合も，高齢者の場合も，基本的には変わらないと思っている．

　発達障害の行動療法や，高齢者や重病者の医療的ケアなどについての特定の指導法や看護法については，都道府県単位で講習会があり，一定の資格が得られるようになっている．

　したがって本書の意図は，個々のハウツウ的な指導法の説明ではなく，職員がチームとして日常的に取り組むべき方法とその意義について述べたものである．職員には，一定の技術レベルを持ち，透明性を持つチームの一員として日常の支援に取り組む義務があると考えている．

　2019年9月，京都障害児者親の会協議会が，結成50周年記念を迎えた．私は発足当初から親の会の方々と交流し，教えられることが多かった．親と利用者の気持ちと支援にかかわる職員の熱意が，私には，障がい児者医療を続けられる原動力になっていると感じている．

　本書の上梓にあたっては，京都福祉界における長年の友人加藤博史龍谷大学名誉教授の励ましに感謝する．晃洋書房編集担当の丸井清泰氏及び坂野美鈴氏にはとくにお世話になった．

　2019年9月

　　　　　　　　　　　　　　　　　　　　小 池 清 廉

○著者紹介

小池清廉（こいけ　きよゆき）

1958年京都大学医学部卒業，1999年佛教大学文学部佛教学科卒業，2005年龍谷大学大学院文学研究科博士課程修了．

1963年重症心身障害児施設びわこ学園，1968年三重県立高茶屋病院，1976年京都府立洛南病院長，1999年京都府立洛南病院名誉院長，京都障害児者親の会協議会会長，社会福祉法人京都総合福祉協会理事長，2009年京都総合福祉協会研修センター所長，ふれあいの里診療所長．

現在，京都総合福祉協会ふれあいの里診療所長，京都総合福祉協会後援会会長，京都障害児者親の会協議会顧問．

《主要業績》

『精神障害』（編著）医歯薬出版，1980年，『誰でもの精神科治療』ルガール社，1982年など．その他，障害児者医療，地域精神医療，法と精神医療，医史学，仏教倫理・生命倫理に関する論文多数．

ケアの技術と倫理

2020年1月15日　初版第1刷発行　　＊定価はカバーに表示してあります

著　者　　小　池　清　廉©

発行者　　植　田　　　実

印刷者　　河　野　俊一郎

発行所　株式会社　晃　洋　書　房

〒615-0026　京都市右京区西院北矢掛町7番地
電話　075(312)0788番(代)
振替口座　01040-6-32280

装丁　クリエイティブ・コンセプト　　印刷・製本　西濃印刷㈱
ISBN 978-4-7710-3262-0

加藤博史・小澤亘 編著
地域福祉のエンパワメント
――協働がつむぐ共生と暮らしの思想――
A 5 判 264頁
定価 3,500円（税別）

西平直・中川吉晴 編著
ケアの根源を求めて
四六判 286頁
定価 2,800円（税別）

堀田力・藤本武司・森本清美・佐藤卓利 著
生き方は自分で決める、そして逝き方も
――医療・介護・地域を見直す――
四六判 122頁
定価 1,800円（税別）

山中恵利子 著
7人の看護師さんの体験談からすくいあげられた7つの「看護の知」
四六判 132頁
定価 1,400円（税別）

浜渦辰二 著
ケアの臨床哲学への道
――生老病死とともに生きる――
A 5 判 568頁
定価 6,500円（税別）

浜渦辰二 著
可能性としてのフッサール現象学
――他者とともに生きるために――
A 5 判 492頁
定価 6,000円（税別）

遠塚谷冨美子・吉池毅志・竹端寛・河野和永・三品桂子 著
精神病院時代の終焉
――当事者主体の支援に向かって――
A 5 判 196頁
定価 2,400円（税別）

岩崎久志 著
看護・チーム支援に活かすカウンセリング
――対人援助、多職種連携に必要なコミュニケーション技術――
A 5 判 206頁
定価 2,400円（税別）

ネル・ノディングズ 著, 立山善康・林泰成・清水重樹・宮崎宏志・新茂之 訳
ケアリング
倫理と道徳の教育――女性の観点から――
A 5 判 338頁
定価 4,000円（税別）

中野啓明・伊藤博美・立山善康 編著
ケアリングの現在
――倫理・教育・看護・福祉の境界を越えて――
A 5 判 238頁
定価 2,700円（税別）

晃 洋 書 房